PIERRE DARBLAY.

PHYSIOLOGIE

DE

L'AMOUR

(ETUDE PHYSIQUE, HISTORIQUE & ANECDOTIQUE)

PAU

IMPRIMERIE ADMINISTRATIVE & COMMERCIALE

18, Rue des Cultivateurs, 18

1889.

PHYSIOLOGIE DE L'AMOUR

PIERRE DARBLAY

PHYSIOLOGIE

DE

L'AMOUR

(ETUDE PHYSIQUE, HISTORIQUE & ANECDOTIQUE)

PAU

IMPRIMERIE ADMINISTRATIVE & COMMERCIALE

18, Rue des Cultivateurs, 18

1889.

AVANT-PROPOS

—

Nous n'ignorons pas que nous avons à traiter un sujet délicat. Mais, en toute sincérité, en est-il un plus digne d'occuper les instants d'un mortel? L'amour est de toute éternité, l'amour est universel, c'est notre être et notre raison d'être ; c'est à l'amour que nous devons notre existence, nous ne vivons que par l'amour, et notre but ici-bas est l'amour. Pourrait-il donc être défendu d'écrire sur une telle chose, dont l'humanité est pleine? Nous ne l'avons pas estimé.

Nous devons certainement au lecteur, qui est notre confident, le récit de nos impressions, et c'est un scrupule pour nous que de lui faire l'aveu qui suit.

C'est en venant de lire la « PHYSIOLOGIE DU GOUT » que la pensée nous vint de consacrer à « l'AMOUR » une étude analogue, jugeant qu'elle pourrait être d'un certain intérêt et assurément de quelque attrait pour un grand nombre de personnes de l'un et l'autre sexe. Voilà comment nous devons à Brillat-Savarin l'idée d'avoir entrepris cet ouvrage.

En mûrissant ce projet, et en méditant de plus en plus celui que nous avons eu la témérité de prendre pour Maître, nous avons conçu de réaliser notre étude sur le même plan que lui-même avait établi la sienne, trouvant d'ailleurs certaines corrélations dans les détails de nos deux sujets. Nous avons résolu d'adopter sa manière de procéder. Le lecteur n'aura donc point à trouver étrange l'analogie qui existe entre les divisions d'un ouvrage destiné à l'apologie de la Gastronomie et du nôtre qui a pour but de célébrer l'Amour. Du reste, en réfléchissant, on doit saisir le rapport qui existe dans l'essence physiologique de ces deux matières diverses. Pour le démontrer, nous partons de ce principe : que nous ajoutons aux cinq sens, déjà connus et admis, un sixième sens, le *génésique* ou *amour physique*, que Brillat-Savarin a crû devoir ajouter lui-même avant nous dans sa PHYSIOLOGIE DU GOUT, en étant surpris justement que jusqu'à Buffon on ait pu méconnaître un sens si important. Il découle de cela que la Physiologie du Goût ayant été faite, la Physiologie des cinq autres sens est également susceptible d'être traitée. Est-ce à dire pour cela que celle de l'Amour n'ait point été déjà effleurée ? Non. S'il est un sujet qui, sous diverses faces, ait été traité, fouillé, creusé, exploité par les auteurs, c'est assurément celui-ci. La nomenclature des ouvrages écrits, sur cette matière est innombrable et les plumes le plus haut cotées, pour leur science et leur austérité, n'ont point craint de s'égarer dans les sentiers cythéréens. Si nous nous sommes aventuré dans cette entreprise, et si nous sommes venu grossir le nombre des chantres de Cupidon et de Vénus, c'est que nous avons cru envisager la question sous un jour qui nous a paru n'avoir point encore été abordé.

La Physiologie du Gout avait déjà donné à Balzac l'idée de faire la Physiologie du Mariage ; et dans la Préface de son ouvrage, il déclare qu'il a tenu à rendre hommage à Brillat-Savarin qu'il appelle « son devancier ». En accomplissant notre travail, nous n'avons pas eu, — et nous prions notre lecteur de vouloir bien croire que nous sommes loin de l'avoir, — la prétentieuse intention de mettre notre livre en parallèle avec ceux de ces deux maîtres physiologistes. Nous ferons remarquer aussi que, malgré l'affinité qui au premier abord semble exister, il n'y a aucune similitude quant au fond entre la Physiologie de Balzac et notre sujet. Certes, l'amour conjugal fait partie de notre étude, mais n'en est qu'une frac-

tion minime et considérée à un point de vue secon-
daire. Sans vouloir dire pour cela que l'amour est
étranger au mariage, qu'il n'existe pas dans le conjungo, comme n'ont pas craint de l'affirmer certains
philosophes d'autres temps, le but que nous nous
sommes proposé embrasse l'amour proprement
dit, c'est-à-dire le sentiment à l'état naturel, à
l'état libre, aussi bien enregistré à l'officialité que
formé par les vœux seuls de la nature ; en un
mot, l'affinité séductrice et attractive qu'éprouve
l'individu pour un autre individu de sexe opposé.
C'est ce qui nous fait dire que la PHYSIOLOGIE DE
l'AMOUR que nous présentons au lecteur est complètement indépendante et se sépare dans son
essence même du livre fameux de l'auteur de la
Comédie humaine.

Nous devons déclarer enfin que pour offrir au
public l'ouvrage que l'auteur livre à sa bienveil-
lance, il ne s'est pas imposé un grand travail : il
n'a fait que mettre en ordre des notes et des observations rassemblées pendant quelques années et
classer dans le cours de son livre divers matériaux
empruntés à tous ceux qui ont parlé de l'Amour
ou des choses qui lui ont paru physiologique-
ment s'y rattacher. Nous tenons à le déclarer
pour qu'on ne nous flétrisse pas de plagiat : nous
avons beaucoup emprunté aux autres et peu mis
de nous-même.

Dans l'analyse d'un semblable sujet, il serait

imprudent d'avancer que, malgré la haute moralité des intentions de l'auteur, le développement n'en sera pas quelquefois... descriptif ; mais toutefois, pouvons-nous inscrire au frontispice de ces pages :

Honni soit qui mal y pense.

MÉDITATION I

—

DE L'AMOUR

« Amour!...» Que ce dissyllabe sonne donc harmonieusement à l'oreille, et que ce substantif est bien fait pour plaire!

Il y a de tout dans ce petit mot: « Amour »....
L'élocution en est délicate et mignonne, la consonnance en est tout symphonique, la douceur y est exprimée, on y devine le bonheur, on y pressent la tendresse, tout ce qu'il veut dire est délicieux, tout ce qu'il dit est enchanteur et tout ce qu'il ne dit pas est suprême

L'amour, disent les Dictionnaires, est le sentiment qui porte l'âme vers ce qui est beau, grand, vrai, juste, et en fait l'objet de nos désirs et de nos affections. Leibnitz donne de l'*amour* cette belle définition: « Aimer, c'est être porté à prendre du plaisir dans le bien ou bonheur de l'être aimé. »

L'amour est assurément le plus beau sentiment de l'âme.

Et, que n'a-t-on pas dit sur l'amour! Quel mortel peut affirmer sincèrement qu'il n'a pas payé son tribut à ce sentiment inexorable ? L'amour nous enveloppe et nous absorbe; l'amour est partout. C'est le premier don de Dieu à l'humanité, c'est le plus précieux de tous nos biens. Science, esprit, beauté, jeunesse, fortune : tout ici-bas est impuissant à donner le bonheur sans l'amour.

L'amour est infini et s'étend à tous les autres sentiments.

L'AMOUR SOUS TOUTES SES FORMES. — La reconnaissance envers le Créateur, qui a doté l'humanité de ce trésor inappréciable, donne naissance à l'*amour divin*: car c'est l'amour qui nous fait admirer et reconnaître son infinie bonté. Le sacrifice d'Abraham nous montre jusqu'à quel degré d'abnégation conduit l'amour de Dieu.

L'*amour paternel* et *maternel* est le sentiment de tendresse et de dévouement que les pères et mères ont pour leurs enfants. Quoique les deux se confondent dans le sentiment unique de l'amour procréateur, l'amour maternel passe pour être plus grand, plus immense que l'amour du père. Cela tient à ce que la mère qui engendre a dans son enfant le fruit de ses entrailles et de son sang.

On se plaît à citer l'anecdote de l'amour paternel d'Henri IV qui jouait un jour avec ses enfants, placés à cheval sur son dos, les promenant ainsi sur le tapis dans une posture peu royale, lorsque survint l'ambassadeur d'Espagne. « Etes-vous père, monsieur l'ambassadeur ? » lui demanda le Béarnais. Et sur sa réponse affirmative : « Alors, ajouta-t-il, je puis finir le tour de la chambre ». Il n'est pas de maison dans le Béarn, patrie du roi vert-galant, où ne soit encadrée cette gravure populaire représentant Henri IV dans la situation que nous venons de raconter.

Les exemples de l'amour maternel abondent.

Un religieux voulant consoler une dame vénitienne qui avait perdu son fils unique lui rappelait l'obéissance d'Abraham, quand Dieu ordonna à ce patriarche d'immoler son enfant : « Ah ! mon père, répondit-elle avec impétuosité, Dieu n'aurait jamais commandé ce sacrifice à une mère ». Quelle démonstration serait plus éloquente que ce cri de l'amour maternel ?

Dans une autre circonstance, parmi des naufragés qui luttaient sur un mince radeau contre les horreurs de la faim et la fureur des vagues, se trouvait une jeune mère allaitant son enfant. Les privations et les angoisses ayant tari son lait, elle s'ouvrit les veines pour nourrir de son sang ce petit être chéri, et lui sauva la vie au prix de la sienne. Quel dévouement plus infini que celui de cette mère !

L'amour des procréateurs pour leur progéniture est tellement d'essence naturelle qu'il est développé chez les animaux même, à un degré aussi élevé que chez l'espèce humaine. C'est ainsi que l'amour de l'eider « pour ses petits » est une des merveilles de la maternité. Quand son nid, qui se compose de plantes marines, est achevé, c'est le plus touchant des spectacles que de voir l'eider s'arracher son duvet de dessous le ventre et en remplir le nid pour coucher et couvrir ses petits. Et, quand l'homme a volé ce nid, la mère recommence sur elle la cruelle opération ; puis, quand elle s'est plumée, qu'elle n'a rien à s'arracher que la chair, le père lui succède et s'arrache tout à son tour ; de sorte que le petit est vêtu d'eux, de leur dévouement et de leur douleur.

Montaigne en parlant d'un manteau dont s'était servi son père, et que lui-même aimait à porter en mémoire de lui, dit quelque part ce mot touchant, que rappelle ce pauvre nid : « Je m'enveloppais de mon père ».

L'*amour filial* est la raison inverse de l'amour paternel et maternel ; c'est l'affection que les enfants ressentent pour les auteurs de leurs jours.

J.-J. Rousseau estime que cet amour est formé de la reconnaissance et du respect envers les parents. L'antiquité, dit M. Saint-Marc Girardin, avait trouvé un beau mot pour exprimer l'amour des enfants pour leurs parents, en l'appelant du nom de *piété filiale*. Ce qui caractérise en effet la piété, c'est surtout la vénération ; or, l'amour filial est surtout un sentiment mêlé de vénération et de tendresse.

On rapporte ce beau trait d'*amour filial* : A Rome, un vieillard avait été condamné à mourir de faim. Sa fille obtint la faveur de le visiter tous les jours. Au bout d'une semaine, les geôliers, étonnés de voir cet homme plein de vigueur, bien que sa fille fut fouillée avec soin à chaque visite, les observèrent tous les deux pendant une de leurs entrevues. Ils s'aperçurent alors que la fille présentait le sein à son père, lui rendant ainsi la vie qu'elle en avait reçue. L'histoire dit qu'instruits de ce trait touchant d'amour filial, les magistrats romains firent mettre le prisonnier en liberté.

L'*amour fraternel* est l'affection qui existe entre frères et sœurs. Ce sentiment puise son principe dans la communauté de l'amour filial, dans le respect du nom et des traditions d'honneur domestique.

Un noble trait de ce sentiment est celui, pendant la Révolution de 93, d'un jeune homme saisi un jour par les agents de la force publique et emmené en prison sans qu'il pût connaître les motifs de

sa culpabilité. On sait que des méprises nombreuses eurent lieu pendant cette phase néfaste de
notre histoire, au sujet des personnes, méprises
produites par la rapidité avec laquelle les ordres
d'arrestation étaient donnés. Lorsqu'arriva l'inter-
rogatoire du jeune homme dont nous parlons, dès
les premiers mots, ils s'aperçut qu'on l'avait confon-
du avec son frère. Celui-ci était marié, père de
plusieurs enfants ; lui, au contraire, était libre, et
sa vie par conséquent nécessaire à aucune existence. Il se laissa généreusement condamner, sans
dire un seul mot pour tirer les juges de leur
erreur, et monta à l'échafaud, heureux de sauver
ainsi la vie à son frère.

Nous ne faisons mention ici que pour mémoire
de l'*amour conjugal*, auquel nous consacrons
plus loin un chapitre spécial.

Ce qu'on appelle l'*amour du prochain* est un
sentiment de sensibilité charitable qui nous fait
prendre part aux joies et aux vicissitudes des
autres avec le même intérêt que si elles étaient
personnelles.

Tous les jours on voit des hommes se jeter à
l'eau au péril de leur propre vie pour sauver celui
qui se noie. Les femmes exercent l'amour du prochain en secourant avec abnégation toutes les
infortunes qu'elles connaissent.

L'*amour patriotique* ou *de la patrie* est le
sentiment élevé qui porte à aimer sa patrie et à se

dévouer pour elle. L'amour de la patrie est une sorte de piété filiale attribuée au pays qui nous a vu naître. Les Grecs et les Romains portèrent très haut la religion de l'amour de la patrie.

Le spartiate Phédarète se présenta pour être admis au conseil des Trois-Cents ; il fut rejeté, et s'en retourna tout joyeux chez lui. Sa femme en voyant son air de contentement, le félicitait de l'honneur qu'elle pensait que ses concitoyens venaient de lui faire. « Non, répondit Phédarète, je me réjouis qu'il se soit trouvé à Sparte trois cents hommes plus vertueux que moi ».

Brutus, apprenant que son fils s'était rendu coupable d'un crime que les lois romaines punissaient de mort, ne voulut point qu'il soit intercédé en sa faveur pour obtenir la grâce de sa vie, voulant payer ainsi, comme tous les citoyens, son tribut au respect de la patrie ; il présida lui-même au supplice de son fils. Cet exemple excessif excite peut-être plus cependant l'horreur que l'admiration.

Dans la guerre de 1870 contre l'Allemagne, la France a donné on ne sait combien d'exemples de son ardent patriotisme. Les traits que l'on pourrait citer sont aussi touchants qu'innombrables. — Sans prétendre amoindrir les mérites des autres nations, et sans vouloir nous rendre coupables d'un chauvinisme exagéré, nous croyons pouvoir dire que le Français a, plus développé que tout

autre peuple, la fibre du patriotisme et qu'il possède
à un plus haut degré que quiconque le dévouement
inhérent à ce noble sentiment.

Nous avons voulu envisager d'abord et séparément les sept applications du mot *amour*, qui
tiennent une si large place dans notre langue, et
qui sont comme les pivots sur lesquels repose
l'expression de nos rapports de famille et de
société. Nous avons réservé l'Amour proprement
dit, auquel ce volume doit être absolument consacré et à la physiologie duquel nous allons nous
adonner.

Définition de l'amour proprement dit. — S'il
fallait enregistrer tout ce qui a été dit de l'Amour
et sur l'Amour, un in-folio n'y suffirait pas. Pour
nous, dont le cadre ne s'étend pas jusqu'à faire
une encyclopédie vénérienne, nous nous contenterons de nous appuyer des auteurs les plus
autorisés et les plus exacts pour définir le sentiment de l'*amour* proprement dit. D'ailleurs, dit
Saint-Prosper, il est tout aussi difficile de définir
l'amour que le bonheur ; et Mlle de Scudéry, un
bel esprit féminin qu'on est porté à croire très-
compétent dans la matière, demeure tout aussi
abstraite en déclarant que: « l'amour est je ne sais
quoi, qui vient de je ne sais où, et qui finit je ne
sais comment ». C'est pourquoi nous ne nous
hasarderons pas à en donner une définition de
notre crû.

Nous croyons pouvoir résumer ce qu'est l'Amour dans les trois pensées :

de Balzac: « l'amour est la poësie des sens » ;

de Boufflers: « c'est l'égoïsme en deux personnes » ;

et de Victor Hugo : « l'amour c'est être deux et n'être qu'un ; un homme et une femme qui se fondent en un ange ; c'est le ciel ».

Si, de ces sphères élevées, nous descendons dans les régions du matérialisme, Champfort nous dit à son tour que « l'amour, tel qu'il existe dans la société, n'est que le contact de deux épidermes ».

Ceci dit, si nous devions fouiller toutes les littératures pour y chercher les diverses définitions qui ont pu être faites depuis que le monde existe, on trouverait assurément autant de nuances de sentiments que l'amour a eu d'historiens ; car l'amour vrai se transforme selon le caractère, le cœur, l'imagination et même la nature physique ; il y a plus : l'action de l'amour peut varier sur le même individu suivant l'objet qui l'inspire. C'est du reste cette diversité infinie qui fait que la source d'où jaillissent toutes les œuvres d'amour, tels que romans et poësies, est inépuisable. On pourrait justement appeler l'amour: l'âme du monde.

Une des définitions les plus positives et les plus précises qui aient été faites, est celle de H. Beyle

(Frédéric Stendhal), ce grand maître de l'observation et de l'analyse en matière d'amour : « *Aimer*, c'est avoir du plaisir à voir, toucher, sentir, par tous les sens et d'aussi près que possible, un objet aimable ou qui nous aime ». Et encore y aurait-il à redire que l'amour n'implique pas qu'il est nécessaire d'être aimé pour aimer. Certainement l'amour parfait n'existe que dans la réciprocité de l'amour, dans « l'égoïsme en deux personnes » selon la citation que nous faisions de Boufflers précédemment ; mais pour n'être point partagé, l'amour peut ne pas moins être. Aussi croyons-nous que l'on peut et doit compléter toutes les définitions en formulant cette autre sentence, qui nous semble être le critérium : « Aimer, c'est faire son bonheur du bonheur d'un autre ».

Analyse du sentiment de l'amour. — On pourrait dire, et nous le prouverons, que l'amour est un courtisan : car il flatte tout ce qui en est l'objet. Le sentiment de l'amour est une inclination forte, irrésistible, qui a le don de sensibiliser tous les sens de notre être, au point de les dégager de la domination de la volonté et de ne leur permettre que des impressions tendres et affectueuses. C'est avec raison que l'on dit que l'amour est aveugle. Il est de fait que le sentiment de l'amour embellit dans l'imagination l'objet de la passion et va même jusqu'à lui donner l'éclat que la nature lui a refusé. Molière a fait un admirable

développement de cette sensation inéluctable à
laquelle tout être humain obéit :

> ... L'on voit les amants toujours vanter leur choix;
> Jamais leur passion n'y voit rien de blâmable,
> Et, dans l'objet aimé, tout leur paraît aimable.
> Ils comptent les défauts pour des perfections,
> Et savent y donner de favorables noms :
> La pâle est au jasmin en blancheur comparable;
> La noire à faire peur, une brune adorable ;
> La maigre a de la la taille et de la liberté ;
> La grosse est, dans son port, pleine de majesté ;
> La malpropre sur soi, de peu d'attraits chargée,
> Est mise sous le nom de beauté négligée ;
> La géante paraît une déesse aux yeux ;
> La naine un abrégé des merveilles des cieux ;
> L'orgueilleuse a le cœur digne d'une couronne ;
> La fourbe a de l'esprit; la sotte est toute bonne ;
> La trop grande parleuse est d'agréable humeur,
> Et la muette garde une honnête pudeur.
> C'est ainsi qu'un amant dont l'amour est extrême,
> Aime jusqu'aux défauts des personnes qu'il aime.

Proudhon suppose deux éléments propres à
constituer l'amour: 1° l'attrait puissant qui dans
toutes les espèces où les sexes sont séparés,
pousse le mâle et la femelle à s'unir et à trans-
mettre leur vie ; 2° l'exaltation idéaliste qui nous
montre dans la possession de la beauté le plus
grand, le seul bien de la vie. — Pour nous, nous
estimons avec P. Larousse que l'analyse peut
saisir dans l'amour trois éléments distincts: l'appétit
sexuel, l'attrait de la beauté, l'affection person-

nelle ; ce qui tend, l'amour inclinant toujours
vers un de ces trois termes, à faire distinguer trois
espèces principales d'amour : l'amour physique,
l'amour esthétique et l'amour spiritualiste. Quand
Marc-Aurèle définissait l'amour « une petite con-
vulsion », il ne considérait que l'amour physique.
La théorie célèbre de Platon, faisant de l'attrait
du beau l'élément essentiel de l'amour, se rapporte
uniquement à l'amour esthétique. Quant à l'amour
spiritualiste, ou affection personnelle, il vient
s'ajouter aux deux éléments dont nous venons de
parler et complète l'idée que l'on doit se faire de
l'amour.

SENSATIONS DE L'AMOUR. — L'amour peut donner
naissance à deux impressions opposées et corréla-
tives : l'une qui naît de la sensation agréable et
tend à la possession de sa cause ; l'autre qui naît
de la sensation désagréable et tend à l'éloignement
de sa cause. La première attractive, la seconde
répulsive : le désir et l'aversion.

Nous analyserons tout d'abord la sensation
agréable : attractive, qui est, dans l'ordre des
choses, plus particulière à notre sujet. L'amour
engendre en effet plus ordinairement la joie, le
bonheur, d'où résultent le désir, que la haine et
l'aversion qui sont le résultat d'affections pénibles
dans l'amour, lesquelles affections d'ailleurs ne
donnent pas toujours naissance à l'impression anti-
pathique.

Rien n'est aussi suave que l'amour; aucune
félicité ne saurait égaler celle de l'amour. Toutes
les parties de notre être sont, pour ainsi dire,
imprégnées du bonheur que ce sentiment procure,
et tous les sens en éprouvent une sensation heureuse indéfinissable. Les yeux sont ravis de la
vue de l'objet aimé; les oreilles, enchantées d'en
entendre la voix; le goût et l'odorat, tout en n'y
prenant qu'une part plus restreinte, n'en sont pas
moins favorisés d'une sensation incomparable; le
toucher est avec la vue celui des sens qui goûte
les plus ineffables charmes.

Si aucun bonheur d'ici-bas ne saurait payer le
bonheur de l'amant qui contemple l'objet de son
amour, de la maîtresse qui admire son amant,
aucune félicité, aucune jouissance ne sauraient
être mises en parallèle avec celles qu'éprouve
l'amant de serrer la main de la dame de ses pensées, à presser sa taille, à sentir sa poitrine battre
contre sa poitrine; nul enthousiasme ne peut rivaliser avec celui de la sensation enivrante d'une
lèvre qui cueille l'extase sur la lèvre bien-aimée.
Que de charmes, que de plaisirs, que de voluptés
dont s'abreuvent les yeux, quant ils découvrent ou
devinent seulement les beautés dont la vue per-
mise leur causerait peut-être moins d'attrait;
résistez à l'ivresse que vous cause ce regard où
l'amour se lit en toutes lettres, avec toute sa tendresse et toute sa passion! Le son de la voix

de celle que l'on aime ravit le cœur et l'esprit; son langage vous pénètre, ses paroles s'infiltrent en vous par tous les pores de votre être, ses serments vous embrasent tout entier. C'est assurément pour qualifier le langage des amants qu'un néologiste a créé l'expression «boire les paroles de quelqu'un». Qui saurait définir aussi cette sensation indicible du toucher! Quelle plume assez osée tenterait de rendre le paroxisme de l'amour!

A côté de ces impressions matérielles, qui ont bien leur prix d'ailleurs, les sensations intimes ne le cèdent en rien aux premières. Celui ou celle qui aime, respire la joie et le bonheur; il ressent en lui un bien-être et une allégresse inexprimables; tout son être jouit intimement, et l'on peut dire inconsciemment, d'une aise souveraine. L'amour rend heureux et rend bon.

Mais, de même que l'amour procure dans la sensation agréable le degré suprême de l'aise et du bonheur, il produit dans la sensation contraire le sentiment opposé à un degré aussi violent. Plusieurs causes peuvent en être la raison: le dépit, l'infidélité, la jalousie, le mépris, etc. L'aversion et la haine qui puisent leur origine dans l'amour sont incurables; du jour où elles sont entrées dans le cœur, il est impossible de les en déraciner. Elles peuvent s'assouvir cependant et faire place avec le temps à l'indifférence; ce cas peut se présenter quelquefois chez l'homme, mais jamais chez la femme dont le caractère, en amour est plus vindicatif. Ces sentiments qui concernent l'amour immatériel, l'amour qui n'a pas encore sacrifié au sixième sens, est encore plus rigide et plus aprréciable dans l'amour accompli. L'homme, chez qui les sens parlent plus impérieusement que chez la femme, pourra oublier, et peut-être même succomber à la tentation génésique, bien plutôt par faiblesse et par la puissance de la nature que par le sentiment amoureux qui ne saurait jamais renaître après une rupture irrévocable ; la femme haïra toujours et, malgré un apaisement qui n'est que momentané d'ailleurs, quels que soient ses désirs, quelque sincères et touchants que puissent être les aveux de son amant et quelque tendres que soient ses sollicitations, jamais elle ne cédera.

JOUISSANCES DONT L'AMOUR EST L'OCCASION. — L'amour est certainement le sentiment qui nous procure, entre tous, les plus pures et les plus infinies jouissances. Ces jouissances peuvent être divisées en trois périodes : le désir, la communion et la possession. Ces trois phases, qui sont comme les anneaux d'une même chaîne, sont unies entre elles et indissolubles dans leur essence, à moins d'une rupture dans l'harmonie de leur félicité.

Le désir naît de l'impression plus particulièrement conçue par la vue. On a vu une personne, on l'a remarquée, on éprouve pour elle une affection indicible et intime ; plus on la considère, on l'examine, on y pense, plus ce qui plaît en elle grandit et grossit, et par déduction : plus le désir prend de force et de puissance. Dans cet état l'individu jouit d'un bonheur qui ne peut être surpassé que par la communion, c'est-à-dire la mutualité des sentiments, qui est aussi le couronnement du désir comme la possession sera celui de la communion. Quant à cette dernière, j'ai toujours entendu dire aux amants qu'aucune joie, aucune jouissance enchanteresse ne saurait égaler leur ivresse lorsque leur amour est payé de retour. Ce duo sublime de deux cœurs qui ne font qu'un, de deux âmes qui se confondent dans les mêmes sentiments, dans les mêmes aspirations et dans les mêmes bonheurs, dans le même amour, nous paraît en effet véritablement ineffable. Le bonheur du Paradis, que je ne connais pas, doit être cela. La communion entraîne fatalement la possession, ou tout au moins le désir de la possession. L'être humain est inévitablement né gourmand et, bien que la gastronomie n'ait été ordonnée et réglementée que depuis un demi siècle environ, l'animal raisonnable dont nous parlons possède d'instinct, depuis l'origine du monde, le défaut, ou la qualité de gourmandise : plus il a, plus il veut avoir. Lorsque deux personnes sont arrivées à cette affinité en amour, que nous désignons sous le nom de communion,

non seulement leurs désirs les font aspirer successivement à la troisième et finale période de la
possession, mais encore la nature, l'instinct les y
entraînent, par la raison que la possession est la
satisfaction de la communion : jusqu'à la possession, les deux premières périodes, quoique
parfaites dans leur unité, ne sont complètes que
que par la troisième qui, en les résumant toutes,
est la solution. Ces deux premiers degrés des
jouissances de l'amour sont du domaine spiritualiste, tandis que le troisième appartient au
matérialisme, et procure le paroxisme des impressions sensuelles.

ÉVOLUTION DE L'AMOUR. — Cette troisième phase
des jouissances de l'amour se divise elle-même
en deux périodes opposées, l'une d'ascension et
de désir, l'autre de satisfaction et de décroissance;
c'est ce qu'on appelle l'évolution de l'amour.
Dans la première période, l'amour jouit de toutes
les séductions et de tous les trésors de la possession, il s'avance plein d'ardeur et les yeux fermés
vers le but où la nature l'appelle ; dans la seconde,
les yeux ouverts malgré lui, il se montre impuissant à garder l'illusion qui lui a donné naissance.
Pendant cette première période, l'âme livrée à
l'hallucination d'une volupté ineffable, se confond
dans la personne de l'objet aimé; pendant la
seconde, après la satisfaction de la chair et des
sens, un mouvement inverse se produit, l'idéal

s'envole. Mais toutefois, comme l'amour doit
avoir toujours son siège dans l'affection personnelle, qui doit aussi en être la source et l'origine,
le bonheur pour s'être envolé n'est pas proscrit
pour cela, puisqu'il est susceptible de se renou-
veler.

FINALITÉ DE L'AMOUR. — Ce titre nous entraîne-
rait trop loin, eu égard à la modeste envergure
de notre volume, si nous entreprenions d'analyser
toutes les théories des philosophes qui ont fait
leur étude de ce sujet. Les uns placent la finalité
de l'amour dans le mariage; les autres dans la
génération, dans la famille. Quant à nous, qui
n'avons point, dans ce travail, à statuer sur la
légitimité de l'amour, mais sur l'amour pur et
simple, nous ne pouvons pas admettre la finalité
de l'amour que dans le cercle restreint de l'hyménée, ni reconnaître la solution légale donnée à
l'amour comme terme de celui-ci. En dehors de
ces expositions, les causes de la finalité de
l'amour sont nombreuses: elles peuvent avoir
leur raison dans le temps d'abord, dans certaines
incompatibilités, dans des évènements imprévus
et pour cent autres motifs qui sont propres uniquement à la nature des sujets.

L'AMOUR PLATONIQUE. — L'amour platonique se
dit de l'amour du beau dégagé de l'amour physique et que deux personnes de différent sexe ont
l'une pour l'autre. Le sens qui est attribué à ce sen-

timent n'est nullement la théorie de Platon, d'après laquelle l'individu commence par s'attacher à la beauté matérielle, à la beauté du corps, pour s'idéaliser de plus en plus et s'élever de la contemplation exclusive de la beauté de l'âme à celle de la beauté qui se trouve dans les lois, dans les arts, dans les sciences, jusqu'à ce qu'il aperçoive enfin la beauté éternelle, incréée et impérissable, la beauté qui n'est point belle seulement en telle partie, en tel temps, sous tel rapport, en tel lieu ; belle pour ceux-ci, laide pour ceux-là ; la beauté qui n'a rien de sensible comme un visage, des mains, mais qui existe éternellement et absolument pour elle-même et en elle-même, et de laquelle participent toutes les autres beautés. C'est par une extension abusive que l'amour qui s'interdit la possession et la jouissance de l'objet aimé a reçu le nom de Platon, puisque le philosophe grec le fait commencer par le réel et finir par l'idéal. L'amour tel que Platon l'a rêvé, aulieu de se spécialiser, se généralise ; aulieu de se fixer, se répand ; aulieu de se déterminer, s'échappe dans toutes les directions, poursuivant partout les rayons du beau, au mépris même de la différence des sexes. Il s'étend aux choses, il s'élève aux abstractions, il s'élance vers l'infini ; c'est un sentiment qui, à force de se dilater, finit pas perdre, en quelque sorte, toute densité et toute forme. L'amour platonique, tel que nous l'entendons, n'exclut pas l'amour physique ; il commence au contraire par l'idéalisation de la personne aimée et finit souvent, sinon presque toujours, par l'amour terrestre.

———

MÉDITATION II

—

DE L'AMOUR PRIS HISTORIQUEMENT

Origine de l'amour. — L'amour, dit Vauvenargues, est le premier auteur du genre humain. Il est évident que si l'on veut rechercher le principe primordial de l'amour, nous devons nous reporter aux procréateurs de notre humaine race : au premier homme et à la première femme.

Quelques philosophes de l'antiquité nous présentent l'amour conçu comme principe cosmogonique. Hésiode, un des plus anciens poëtes de la Grèce, nous montre à l'origine de toutes choses l'élément inférieur et aveugle, le Chaos, dans lequel un principe de vie, l'amour, fait surgir et développe des formes de plus en plus parfaites. L'amour joue le même rôle dans une ancienne cosmogonie attribuée à Sanchoniaton et aux Phéniciens. Un grand nombre de traditions cosmogoniques du même genre avaient cours dans l'antiquité. Elles se trouvent sur la limite de la mythologie et de l'ancienne philosophie, et forment la transition de l'une à l'autre.

Selon Empédocle, le monde sort de quatre éléments : le feu, l'eau, la terre et l'air, lesquels sont mûs, dirigés par deux principes : l'amour et la haine. Par l'amour, les éléments tendent à l'union ; par la haine, à la division. Sous l'influence de ces deux causes, un mouvement périodique produit l'agrégation et la dégagrégation. Mêlés et démêlés successivement avec leurs qualités diverses et en diverses manières, ils composent la nature, comme un tableau qui résulterait des couleurs qu'un peintre a broyées sur sa palette. Ainsi naissent toutes les choses, plantes et bêtes, hommes et dieux. Pendant le cours de ce mouvement, l'amour et la haine se balancent et en quelque sorte se neutralisent ; si l'amour dominait seul, toute diversité cesserait, et il n'y aurait que l'unité absolue ; au contraire, l'influence de la haine prévalant et devenant excessive produirait la séparation. La diffusion à l'infini de toutes

choses. L'amour et la haine d'Empédocle ressem-
blent assez bien à l'attraction et à la répulsion de
nos sciences.

Quoiqu'il en soit, nous ne mentionnons ces
théories que pour mémoire, ainsi que celles de
Zimmermann et de M. Littré qui font descendre
l'humanité du singe et ne nous considèrent ni plus
ni moins que comme des quadrumanes, revus et
corrigés.

L'amour antique. — Les païens qui nous ont
transmis leur système de divinités par la mythologie, avaient créé nécessairement une place à
l'Amour. Malgré cela, les auteurs ne sont pas
d'accord sur la généalogie de l'Amour. Simonide
le dit fils de Mars et de Vénus ; Alcée de Zéphyre
et d'Eris ou de la Dispute ; Sapho de Vénus et
de Cœlus ; Sénèque de Vénus et de Vulcain.
Platon, dans son *Banquet* suppose l'Amour fils
de Poros (dieu des richesses) et de Pénia (la pau-
vreté). Selon d'autres, la Nuit pondit un œuf, le
couva et fit éclore l'Amour, qui déploya soudain
ses ailes dorées et prit son essor à travers le
monde naissant. Les romains distinguaient deux
Amours : l'un, l'Amour proprement dit, fils de
Jupiter et de Vénus ; l'autre, Cupidon, fils de la
Nuit et de l'Erèbe. Les Grecs aussi avaient leur
Cupidon, qu'ils appelaient Himéros (désir), et leur
amour proprement dit, qui portait le nom d'Erôs.
Le rapport de filiation qui lie l'Amour à Vénus

et qui fit associer l'un à l'autre les cultes primi-
tivement distincts de ces deux divinités, appartient
à un symbolisme de date relativement moderne.
Erôs, en effet, ne figure pas au nombre des dieux
d'Homère. Parmi toutes ces origines, la plus
populaire fut celle qui donna au Dieu des Amours
la déesse de la Beauté pour mère ; mais, quant au
père, les poëtes et l'imagination populaire ont
hésité entre l'époux légitime qui est Vulcain,
l'amant en titre qui est Mars, et le courtier
d'amour qui est Mercure.

Ses attributs sont toujours l'arc, les flèches, le
carquois et les ailes. Souvent un bandeau couvre
ses yeux. Les traits sont ceux d'un enfant ou d'un
adolescent au ris malin, et il est adoré dans les
mêmes temples. Cependant il avait un temple
spécial à Thespies, où son culte servait de texte
à des mystères. Il a pour amante Psyché, ou l'âme,
d'après une allégorie célèbre.

Comme on le voit par cet aperçu rapide, les
anciens tenaient l'Amour en grand honneur,
puisqu'ils l'avaient divinisé et lui rendaient un
constant hommage. Mais un des traits les plus
frappants de la physionomie que présente la société
de cette antiquité grecque et romaine, c'est que
la femme n'inspire pas d'amour dans le sens que
nous lui donnons ; elle peut être désirée pour sa
beauté physique, recherchée en vue de la génération, honorée à cause des citoyens qu'elle donne

à l'Etat, à cause de l'époux auquel elle confère
la dignité et l'autorité paternelles ; mais elle n'est
pas l'objet et le but de l'amour; elle n'est pas
véritablement aimée. Ceci tient à ce qu'elle est
faible, et comme telle jugée incapable de dignité,
de sincérité, de courage, de fermeté, de persévé-
rance; et que, pour les anciens, l'admiration ne
s'attache qu'à la force, et qu'à cette idée de force
se lient dans leur esprit les idées de vertu, de
noblesse, de génie et même de beauté.

« La guerre dans les temps héroïques, dit M.
Ch. Renouvier, la science pure ou la dialectiq ue
dans les temps qu'on peut appeler métaphysiques,
constituèrent pour les hommes une vie à part dans
l'antiquité. Les mœurs des camps, les usages de
la palestre, plus tard les discours académiques,
l'enseignement de la politique, de l'éloquence, de
la physique, favorisèrent une séparation tranchée
de la vie des hommes et de la vie des femmes.
A l'assemblée publique, au gymnase, autour d'un
sophiste, les hommes goûtaient des plaisirs ignorés de leurs femmes. Il résulta de la transmis-
sion de ces mœurs mâles, depuis le siècle d'Homère
jusqu'au siècle de Platon et au-delà, que l'amour
et le sentiment du beau revêtirent dans l'esprit de
l'homme des formes étrangères à la femme ; la
douceur et les grâces furent flétries du nom
d'efféminées ; cet attendrissement du cœur que
nous recherchons auprès des femmes, et les déli-

catesses du sentiment que nous 'admirons dans leur âme, furent sacrifiés au culte de la beauté virile ; l'art imita la forme de l'homme comme la plus parfaite, et la reproduisit savamment avec tous ses caractères dans les statues de Mars, d'Apollon, de Mercure, d'Hercule ou de Bacchus ; de son côté, la science donna toujours à la femme un rôle subordonné à celui de l'homme dans la création ».

L'amour n'a pas été dans toutes les époques, sans exercer son influence prédominante sur les littératures, aussi bien que sur les sociétés.

En lisant Ovide, Tibulle, Properce, on connait la valeur de l'amour antique. Les maîtresses de ces trois poëtes furent des femmes coquettes, infidèles, vénales ; ils ne cherchèrent auprès d'elles que des plaisirs physiques, et l'on peut croire qu'ils n'eurent jamais l'idée du sentiment qui, treize siècles plus tard fit palpiter le cœur d'Héloïse. « Le brillant génie d'Ovide, dit Guinguené, l'imagination riche de Properce, l'âme sensible de Tibulle, leur inspirèrent sans doute des vers de nuances différentes, mais ils aimèrent de la même manière des femmes à peu près de la même espèce. Ils désirent, ils triomphent, ils ont des rivaux heureux, ils sont jaloux, ils se brouillent et se raccommodent ; ils sont infidèles à leur tour ; on leur pardonne et ils retrouvent un bonheur qui bientôt est troublé par le retour des mêmes

chances ». C'est toujours aux formes extérieures
que l'amour antique s'attache ; la beauté d'Hélène
séduit jusqu'à la vieillesse ; Didon égale Vénus
en attraits ; Camille surpasse Diane en légèreté ;
Nééro est plus blanche que l'oiseau de Léda.
Rien qui dépasse le physique ; la Vénus que le
poëte adore n'est pas la déesse de la beauté intel-
lectuelle et morale.

Si l'homme de l'antiquité n'est pas amoureux de
la femme, si cet amour, aulieu de l'ennoblir,
l'abaisse et constitue pour lui une faiblesse digne
de blâme, la passion de l'amour peut intéresser
chez la femme. Aussi voit-on dans la littérature
ancienne des amantes, surtout des amantes dédai-
gnées : les Ariane, les Phèdre, les Médée, les
Didon ; quant aux amoureux, ils ne jouent aucun
rôle chez les anciens.« Les anciens, dit Fontenelle,
n'ont presque pas mis d'amour dans leurs drames,
et quelques-uns les louent de n'avoir pas avili
leur théâtre par de si petits sentiments. Pour moi,
je pense qu'ils n'ont pas connu ce que l'amour
pouvait produire, et qu'ils ne possédaient pas la
science du cœur ». Pour eux, l'amour n'était pas
un droit qu'on put revendiquer, parce que l'amour
n'avait pas de sens social, ne jouait aucun rôle
dans la vie publique, et que, devant ce peuple de
citoyens et d'orateurs, les émotions de ce genre
n'étaient pas de mise. L'amour leur apparaissait
comme une fatalité, non comme une noblesse. Il

était en quelque sorte au-dessous de l'épopée de la tragédie antique. Dans l'*Illiade*, on voit l'enlèvement d'une femme mettre aux prises Grecs et Troyens ; mais dans cette guerre que l'amour a allumée, au milieu des calamités qu'il a déchaînées, quel rôle effacé, méprisé, que celui du beau Pâris et de la belle Hélène ! Dans les tragiques Grecs, l'amour tient peu de place; plus le poëte est ancien, moins l'amour se montre dans ses drames. Il n'y a pas d'amour dans le vieil Eschyle ; il y en a très peu dans Sophocle. « L'*Antigone* de Sophocle, dit M. Saint-Marc Girardin, montre l'usage que l'ancien théâtre faisait de l'amour. Il aimait mieux représenter l'amour comme une divinité que comme une passion ; il aimait mieux chanter sa puissance irrésistible que d'exprimer ses angoisses ou ses plaisirs. C'est le chœur qui disait combien l'amour est redoutable aux humains ; ce n'étaient pas les amants eux-mêmes qui le révélaient par leurs tranports » .

Deux grandes influences ont revolutionné l'amour antique : le christianisme et les mœurs des peuples du Nord. Le christianisme a donné à la femme une personnalité en lui donnant une conscience ; il lui a donné des droits en lui donnant des devoirs; elle a pu prendre une large place dans l'histoire et les légendes de cette religion. Quant aux mœurs des nations barbares, elles présentent deux traits remarquables; d'une part, lo respect général qu'inspirent une femme ; de l'autre, l'ascendant particulier qu'exercent les héroïnes et les prêtresses. Ces deux traits ont contribué à établir dans la société germanique l'idée de l'égalité entre l'homme et la femme.

L'Amour et Psyché. — Chaque époque a généralement sa légende amoureuse qui caractérise son temps. L'histoire de l'Amour et de Psyché, connue de tout le monde, au moins de réputation, est assurément une des plus belles et des plus poétiques de l'antiquité, et a sa place naturellement marquée ici. Cette ingénieuse fiction paraît être due à Apulée, écrivain latin, qui laissa entre autres choses, un roman fantastique, la *Métamorphose* ou l'*Ane d'or*, et où se trouve enchâssé cet admirable épisode.

« Il y avait une fois une jeune princesse, douée d'une beauté si extraordinaire que les étrangers accouraient en foule pour admirer ce prodige, et qu'ils se prosternaient devant elle comme si c'eût été Vénus elle-même. La déesse des Amours, irritée de voir passer ses honneurs divins à une simple mortelle, conçut une haine implacable contre cette rivale inattendue ; elle chargea son fils Cupidon de sa vengeance, et lui commanda d'inspirer à la jeune fille une passion déshonorante pour quelque être ignoble, pour le dernier des misérables. Cependant personne ne se présente pour demander la main de Psyché, et depuis longtemps déjà ses deux sœurs ont contracté avec des monarques de brillantes unions. Le père de l'infortunée princesse se croyant l'objet d'un courroux céleste, interroge un antique oracle, dont il reçoit cette cruelle réponse :

Expose sur un roc cette fille adorée,
Pour un hymen de mort pompeusement parée :
N'espère point un gendre issu d'un sang mortel,
Mais un affreux dragon, monstre, horrible et cruel,
Qui, parcourant les airs de son aile rapide,
Porte en tous lieux la flamme et le fer homicide ;
Que craint Jupiter même, et qui, l'effroi des dieux,
Fait reculer le Styx et ses flots ténébreux.

« Lorsque le moment d'accomplir l'oracle fut arrivé, les parents de Psyché la conduisirent au milieu des apprêts d'une cérémonie funèbre, sur le haut d'une montagne escarpée, où la malheureuse jeune fille resta seule et abandonnée. Tremblante d'effroi, elle se noyait dans les pleurs, lorsque tout à coup elle se sentit enlevée doucement par Zéphyr, qui la déposa dans une profonde vallée, sur un tapis de fleurs et de verdure. Psyché pénétra alors dans un palais somptueux qui s'offrait à ses regards, demeure enchantée, où des voix harmonieuses exécutèrent pour elle de suaves concerts, et où elle fût servie par des nymphes invisibles. Lorsque la nuit fut arrivée, un personnage, un être mystérieux, se glissa dans le lit de Psyché toute tremblante et devint son époux, après l'avoir rassurée par les protestations

de l'amour le plus ardent ; puis il se retira avant
que le jour parût. Chaque soir il venait ainsi
partager sa couche, lui recommandant de ne jamais
chercher à voir sa figure, et la menaçant des plus
terribles malheurs si elle cédait à cette fatale
curiosité. Il lui annonça que ses deux sœurs
étaient à sa recherche, qu'elles parviendraient
bientôt au rocher, et la pria tendrement de ne
point les attirer auprès d'elle, prévoyant les perni-
cieux conseils que la jalousie allait leur inspirer.
Cependant il céda aux sollicitations de Psyché
qui désirait vivement recevoir les embrassements
de ses deux sœurs, et lui accorda à regret la per-
mission de les entretenir. Lorsque celles-ci arrivè-
rent sur la montagne, le Zéphyr, par ordre de
Psyché, les transporta à ses côtés. La vue de
toutes ces merveilles, de toutes ces richesses,
dont leur jeune sœur avait la disposition, fit éclore
dans leur cœur le poison de l'envie ; l'état brillant de Psyché les humilia et elles se promirent
de détruire ce bonheur. Dans une nouvelle entrevue, elles fortifièrent les soupçons cruels qui
assiégeaient parfois la jeune femme sur la nature
inconnue de son époux et lui rappelèrent l'oracle
qui avait déclaré qu'elle était destinée en mariage
à un monstre affreux. Cet époux invisible devait
être un serpent énorme, aux replis volumineux,
dont le cou était gonflé d'un poison terrible. On
l'avait vu le soir revenir, après avoir exercé ses

ravages, et nager dans les eaux du fleuve le plus
voisin. Sans doute après avoir abusé de ses charmes il se ferait un jeu cruel de la dévorer, elle et
l'enfant qu'elle portait dans son sein .

« Après ces révélations perfides, elles engagent
Psyché à se délivrer elle-même, en poignardant
le monstre pendant les douceurs de son premier
sommeil Psyché, obsédée alors par les Furies
et cédant à une implacable fatalité, se lève
silencieusement la nuit suivante, prend la lampe
allumée d'avance, qu'elle a eu soin de cacher,
s'arme d'un poignard et s'approche du lit, prête
à frapper Elle dirige la lumière sur la figure du
mystérieux époux.... Quel spectacle ! elle voit de
tous les monstres le plus doux et le plus aimable,
Cupidon lui-même, paré de toutes les grâces de
l'adolescence, dans tout l'éclat d'une beauté qui
s'épanouit. A ses épaules brillent de petites ailes,
où l'éclat de la rose se marie à la blancheur du lys,
et dont le moelleux et léger duvet frémit avec
un doux bruissement. Au pied du lit reposent
son arc, son carquois et ses flèches. Mais tandis
que, plongée dans l'extase, haletante de bonheur,
Psyché approche la lampe pour mieux contempler les traits charmants du dieu, qui repose dans
un gracieux abandon, une goutte d'huile brûlante
tombe sur l'épaule de Cupidon, qui s'éveille aussitôt. Voyant que son secret a été outrageusement
violé, il s'envole loin de la malheureuse Psyché

en lui reprochant sa défiance et sa crédulité.
Psyché, au désespoir, voulut s'ôter la vie; mais le
fleuve dans lequel elle se précipita la rejeta sur
ses rives. Elle voulut du moins savourer le plaisir
de la vengeance, et alla visiter successivement
ses deux sœurs, à chacune desquelles elle raconta
que Cupidon, son époux, après l'avoir chassée,
avait fait choix d'elle pour lui succéder. Abusées
par ce récit, elles se rendirent sur la montagne, et
se confièrent imprudemment à Zéphyr; mais elles
tombèrent et se brisèrent dans leur chûte. Psyché
n'épargna rien pour retrouver Cupidon; elle
s'adressa successivement à Cérès et à Junon qui
éludèrent sa prière et fut rencontrée enfin par
l'Habitude, une des suivantes de Vénus, qui la
faisait rechercher activement pour se venger sur
elle de ce qu'elle avait eu la témérité d'enchaîner
l'Amour même par ses charmes. Dans sa colère,
elle livra Psyché aux tortures de l'Inquiétude et
de la Tristesse, qui mirent tout en œuvre pour
satisfaire la soif de vengeance de leur maîtresse.
Vénus enchérit encore sur les mauvais traitements,
en soumettant la pauvre Psyché à des épreuves
qui auraient effrayé Hercule lui-même, mais qu'elle
parvint néanmoins à surmonter, grâce à un secours
invisible. Elle aurait infailliblement succombé à
la dernière, qui était la plus terrible, sans les
conseils que lui donna la voix mystérieuse d'une
tour, du haut de laquelle elle voulait se précipiter.

La déesse lui avait ordonné de descendre aux Enfers, avec la mission perfide de demander à Proserpine un peu de sa beauté dans une boîte. Parvenue au sombre empire à travers d'effroyables dangers, elle reçut de la divinité infernale la boîte qu'elle était venue chercher, mais que la voix lui avait prudemment défendu d'ouvrir. Revenue sur la terre, cette autre Pandore ne pût résister à sa curiosité, et même au désir de prendre pour elle-même une partie de ce que renfermait la boîte. Elle l'ouvrit; aussitôt, il s'en dégagea une vapeur soporifique qui la renversa tout endormie, sans qu'elle pût se relever. Cupidon, qui ne cessait de la surveiller amoureusement, s'empressa alors d'accourir et la réveilla avec la pointe d'une de ses flèches, après avoir de nouveau renfermé le Sommeil dans la boîte, qu'il ordonna à Psyché de porter à Vénus. Pour lui, craignant d'être livré à la Sobriété, comme sa mère l'en avait menacé, il s'envola aussitôt jusqu'auprès de Jupiter pour implorer sa protection. Le maître de l'Olympe fit alors rassembler les dieux, et, en leur présence, il unit Cupidon à Psyché. Les noces furent célébrées joyeusesement. Vénus elle-même y dansa ; Psyché but le nectar et l'ambroisie et fut gratifiée de l'immortalité. Au bout de neuf mois, elle mit au monde une fille, qui fut appelée la Volupté. »

Suivant quelque mythographes, cette fable

n'appartient pas à proprement parler, à la mythologie ; ce serait une allégorie due à quelque pla-
tonicien ou à quelque sectateur des doctrines orphi-
ques, lequel y a exposé l'amour inspiré par la
beauté de l'âme ainsi que par celle du corps, les
effets d'une curiosité téméraire, et la purification
de l'esprit par les souffrances. De son côté,
Fulgence, évêque de Carthage, prétend que toute
cette histoire enveloppe un sens moral fort beau :

« La ville dont il est parlé, d'abord représente le
monde ; le roi et la reine de cette ville, sont Dieu
et la Matière, qui sont la chair, la liberté et
l'âme. Cette dernière, que le mot de *Psyché*
signifie en grec, est la plus jeune des trois, parce
que l'âme n'est infusée dans le corps qu'après
qu'il est formé. Elle est plus belle que les deux
autres, parce que l'âme est supérieure à la liberté
et plus noble que la chair. Vénus, qui est l'amour
des plaisirs sensuels, lui porte envie, et lui envoie
Cupidon, c'est-à-dire la concupiscence, pour la
perdre ; mais, parce que la concupiscence peut
avoir pour objet le bien et le mal, ce Cupidon, ou
la concupiscence, vient à aimer Psyché, qui est
l'âme, et s'unit intimement avec elle. Il lui
conseille de ne point voir son visage, c'est-à-dire
de ne point connaître les plaisirs sensuels, et de
point croire ses sœurs, qui sont la Chair et la
Liberté, qui lui en veulent inspirer l'envie. Mais
Psyché, animée par leurs conseils dangereux, tire

la lampe du lieu où elle l'avait cachée, c'est-à-
dire pousse au dehors et met à découvert la
flamme du désir qu'elle portait cachée dans son
cœur ; et, l'ayant connue, ou, ce qui est la même
chose, ayant fait l'expérience des plaisirs, elle s'y
attache avec ardeur. Enfin Psyché, considérant
avec trop d'attention Cupidon, le brûle d'une goutte
d'huile enflammée, tombée de sa lampe ; ce qui
marque que plus on se livre aux voluptés de la
concupiscence, plus elle augmente, s'enflamme,
et imprime sur nous la tache du péché. Cupidon
ôte ensuite à Psyché ses richesses, la renvoie de
son superbe palais, la laisse exposée à mille maux
et à mille dangers. C'est la concupiscence qui, par
l'expérience funeste des plaisirs criminels qu'elle
procure à l'âme, la dépouille de son innocence et
du trésor des vertus, la chasse de la maison de
Dieu, et la laisse exposée à toutes les occasions de
chute et de malheur qui se rencontrent dans la vie ».

Certains commentateurs y découvrent encore
une allusion à Pandore et à sa boîte fatale ;
d'autres remontent même jusqu'au mythe du péché
originel. Toutefois, l'idée simple qui s'en dégage
le plus clairement, c'est que Psyché est la person-
nification de l'âme en lutte ici-bas avec toutes les
passions, dont elle finit par triompher sur la terre
pour s'envoler ensuite dans les régions plus pures,
où elle reçoit enfin la récompense due à ses
efforts.

L'AMOUR CHEVALERESQUE. — La chevalerie, comme tout fait complexe, est très difficile à définir ; elle est un ensemble de sentiments, de mœurs et d'institutions qu'il faut analyser pour s'en rendre un compte quelque peu exact, et pour comprendre les faits historiques qui s'y rattachent. Selon l'ingénieuse expression d'Ampère, elle est le roman de la féodalité, mais son roman historique. La chevalerie n'existe complète et bien caractérisée que dans l'Europe du moyen-âge, quoiqu'on en trouve chez d'autres peuples et à d'autres époques quelques germes étouffés.

L'amour chevaleresque est né du christianisme et des mœurs germaniques. « Ne nous étonnons pas, dit Saint-Marc-Girardin, que la chevalerie, fille des traditions germaniques et du christianisme, ait porté si haut le respect des femmes. Sa double origine l'y disposait. Chrétiens, les chevaliers trouvaient partout, dans l'Evangile et dans l'histoire de l'Eglise, la femme s'égalant à l'homme par la foi. Hommes du Nord, les chevaliers trouvaient aussi dans les mœurs et les traditions septentrionales la femme s'égalant à l'homme par la guerre, par la religion, par le conseil. » Rien dans l'antiquité ne ressemble, même de loin, à cette idée d'associer l'amour à l'héroïsme, d'envisager l'estime d'une femme comme l'objet le plus élevé de l'activité humaine, et d'ériger l'amour en principe suprême de la moralité.

Dans l'éducation des jeunes chevaliers, les dames avaient la grande part. C'étaient elles qui étaient chargées de leur apprendre le catéchisme et l'art d'aimer la religion et la galanterie, deux sciences qui semblent s'exclure, et que la chevalerie remettait aux mains des femmes, sans doute pour tempérer l'une par l'autre. Suivant ces docteurs de la nouvelle espèce, l'amant « qui entendait loyalement servir une dame, était sauvé ». C'était donc pour s'entendre à loyalement servir les dames et Dieu du même coup que le page s'exerçait à être courageux, hardi, adroit, généreux, poli, aimable, galant enfin. Mais cette galanterie qui s'adressait d'abord à toutes les dames, prenait bientôt un objet particulier et devenait de l'amour. Cet amour n'effrayait pas les docteurs de la chevalerie ; c'était un des degrés de l'éducation : « Il faut aimer, disaient-ils, pour mieux en valoir et non jamais pour en empirer ». Une fois qu'il avait choisi une dame, le jeune chevalier devenait plus « valeureux » et plus « avenant » ; il avait soin d'être élégant dans ses habits, bien chaussé et bien coiffé surtout. Une dame ne prenait jamais pour chevalier le lâche qui fuyait le péril, ou l'avare qui fuyait la dépense.

Le moyen-âge avait fait de l'amour le principe de la chevalerie ; il essaya même d'en faire une sorte d'institution à côté du mariage et même contre le mariage, en établissant des « Cours

d'amour ». Selon le code de ces Cours d'amour,
l'amour était impossible dans le mariage, car dans
l'amour tout devait être de grâce et de faveur,
tandis que dans le mariage tout était de droit.

Le principe général de la chevalerie, celui qui
servait de mobile à toutes les actions du chevalier,
c'était l'exaltation dans le sentiment de l'amour.
La chevalerie avait introduit une morale d'un
genre entièrement nouveau : considérant l'amour
incompatible avec le mariage, le chevalier qui se
mariait avec sa dame devait aussitôt en choisir une
autre. Les maris se faisaient assez bien à cet
usage de voir leur femme courtisée, adorée par
un autre, qui portait ses couleurs et recevait des
écharpes de ses mains ; il leur était loisible d'ailleurs de jouir du même privilège.

Ce sentiment eut ses mystiques, comme la religion avait les siens ; ils s'appelaient : les galois.
C'était une espèce d'association, de franc-maçon-
nerie amoureuse composée également d'hommes
et de femmes. Pour montrer que l'amour était
supérieur à toute influence étrangère même à
celle des saisons, ils allumaient de grands feux
pendant l'été et l'hiver ils portaient des vêtements si légers, qu'un grand nombre moururent de
froid aux pieds de leurs dames.

Le monument littéraire de cette époque est le
Roman de la Rose qui, commencé par Guillaume de Lorris, fut continué et terminé par

plusieurs collaborateurs. Guillaume de Lorris, ainsi appelé d'une petite ville du Gâtinois où il était né, vivait au milieu du treizième siècle, sous le règne de St-Louis. Il étudiait la jurisprudence, et il entreprit son « œuvre », comme on parlait alors, pour une dame de grand nom :

> Celle pour ciu je l'ai empris,
> C'est celle qui tant a de pris
> Et tant est digne d'être amée
> Qu'elle doit être rose clamée.

Des dix-huit mille vers et plus dont le *Roman de la Rose* est composé, Guillaume de Lorris n'en a fait qu'environ la cinquième partie. Quarante ans après, Jean de Meun, dit Clopinel, parce qu'il était boîteux, entreprit de le continuer. Il était théologien, orateur, philosophe et mathématicien ; « lequel, dit Bouchet dans ses Annales d'Aquitaine, « prinst plaisir à composer plusieurs livres singu-« liers, et entr'autres paracheva le *Roman de la* « *Rose*, qui avait été commencé par le maistre « Guillaume de Lorris. Il translata de latin en « françois Boëce *de Consolatione* et *de Regi-*« *mine Principum* qu'avoit composé Sainct-« Thomas ; et Ovide *de Arte amandi*, dont il « se fut bien passé, et fit plusieurs autres plaisans « livres de mondanité ». Il en parle ainsi lui-même dans une Epître dédicatoire adressée à Philippe IV, le Bel : « A ta royale Majesté, très-« noble Prince, par la grâce de Dieu, roi des

« François, Philippes le Quart, qui jadis au
« Roman de Rose, ai enseigné ; et translaté de
« latin en françois le livre de Vegece de la Che-
« valerie ; et le livre des Merveilles de Hirlande ;
« et le livre des Epîtres de Pierre Abeillard et
« Héloïs sa femme ; et le livre de Aelred, de Spiri-
« tuelle amitié ; envoie ores Boëce de Consolation,
« que j'ai translaté en françois; jaçoit ce que
« entendes bien latin, etc »

Pasquier estimait infiniment ces deux poëtes :
« lesquels, dit-il, quelques-uns des nostres ont
« voulu comparer à Dante, poëte italien ; et moi
« je les opposerois volontiers à tous les poëtes
« d'Italie, soit que nous considérions ou leurs
« mouëlleuses sentences, ou leurs belles locutions...
« Recherchez-vous la philosophie naturelle ou
« morale ? Elle ne leur fait défaut au besoin.
« Voulez-vous quelques sages traits ? les voulez-
« vous de folie ? Vous y en trouverez à suffisance ;
« traits de folie toutefois dont pourrez vous faires
« sages.... et tel depuis eux a esté en grande
« vogue, lequel s'est enrichy de leurs plumes, sans
« en faire semblant. Aussi ont-ils conservé et
« leur œuvre et leur mémoire jusqu'à huy, au
« milieu d'une infinité d'autres qui ont esté ense-
« velis avec les ans dedans le cercueil des ténè-
« bres.»

Il est certain que jamais livre ne fut plus généralement estimé que le *Roman de la Rose*. On y

trouve des traits satiriques contre les femmes, les moines et l'hypocrisie ; des peintures indécentes, des
expressions libres, un merveilleux extravagant, et
des histoires qui n'ont aucun rapport au sujet. Il
y a cependant un fonds de morale qui résulte
de l'économie du roman et un grand nombre de
maximes, de portraits et de vérités philosophi-
ques.

Il paraît que les dames de la cour, offensées
du mal que Clopinel disait des femmes, se propo-
sèrent d'en tirer vengeance : un jour elles l'envi-
ronnèrent, chacune armée d'une poignée de verges.
Le poëte ne sachant plus comment il pourrait s'en
tirer avec quelque honneur, demanda un moment
d'audience, et dit qu'il se soumettait volontiers au
jugement des dames : « Allons ! allons ! ajouta-t-il,
que celle d'entre vous qui se reconnait le mieux
dans les portraits que j'ai tracés, frappe la première ». Il se tira d'intrigue par cette plaisanterie,
qui était une nouvelle insulte. « Il ne se trouva pas
une d'elles qui voulut commencer, dit le président
Fauchet, et maître Jehan échappa, laissant aux
dames une vergogne, et donnant aux seigneurs là
présens assez grande occasion de rire, car il s'en
trouva aucun d'eux à qui il sembloit que telle ou
telle devait commencer ; mais les mieux appris
rompirent ce jugement, pour éviter au débat qui
en fût suivi. »

Le fameux Gerson, chancelier de l'Université

de Paris, attaqua le *Roman de la Rose* comme un livre très dangereux. Martin Franc, secrétaire du pape Félix V, y avait déjà opposé son livre intitulé *le Champion des Dames*. Les Anglais ont donné Jean de Meun pour un de leurs compatriotes ; et Chancer, un de leurs anciens poëtes, a traduit en anglais le *Roman de la Rose*. Ce roman fut copié en divers temps ; et les copistes, prenant la liberté d'en rajeunir le style, à mesure qu'il vieillissait, finirent par le rendre à cet égard tout différent de ce qu'il était d'abord. Jean Moulinet, Chanvine de Valenciennes, voulut en faire un livre de piété : il le réduisit en prose, vers 1480 et y ajouta plusieurs allégories de son invention. Clément Marot en donna une édition en 1527 : il changea le style et inséra des vers nouveaux, sous prétexte de développer le sens de l'auteur. La meilleure édition que l'on ait du *Roman de la Rose* a été donnée en 1735. Le manuscrit, conservé dans la bibliothèque d'Oxford, est très bien écrit, sur du vélin, et orné de figures et de dessins en miniature, ce qui prouve son antiquité. Il passe pour le monument le plus propre à faire connaître l'état où était la langue française dans le treizième siècle.

Avec le moyen-âge finit l'amour chevaleresque proprement dit. Sous l'influence de la Renaissance, il se transforma en amour romanesque, en galanterie. En disparaissant, la chevalerie donna naissance à divers ordres, tels que l'ordre des Templiers, l'ordre de Saint-Jean de Jérusalem, l'ordre Teutonique, qui, comme la chevalerie elle-même brillèrent d'un grand éclat, puis tombèrent dans une rapide décadence.

LES COURS D'AMOUR. — Les Cours d'amour, qui ont joui d'une réputation trop grande pour que nous puissions les passer sous silence, ont naturellement leur place ici, ayant appartenu à l'ère chevaleresque de notre histoire.

Ces tribunaux étaient composés de dames illustres par leur naissance et leur savoir, et dont la juridiction s'étendait sur toutes les questions de galanterie et les contestations d'amour. Leur origine remonte à 1144, sous le règne de Louis VII le Jeune. Louis VII admit à sa cour, vers cette époque, les Trouvères ou Troubadours, et les combla de présents. Ces troubadours furent les premiers poëtes français ; car on ne doit point accorder ce titre aux Bardes, versificateurs barbares, qui parurent vers les premiers temps de la monarchie, et dont le chef-d'œuvre a été la *Chanson de Roland*. C'était un conte romanesque, composé pour animer le soldat : avant que d'en venir aux mains, on distribuait à la tête de l'armée une troupe de grosses voix qui chantaient de toutes leurs forces cette Chanson de Roland.

Les troubadours étaient plus polis, plus ingénieux, plus aimables. Ils firent sentir les premiers agréments de la rime. Leurs productions ne respiraient ordinairement que la joie et la galanterie. Un troubadour était toujours suivi de ses « chanteurs » et de ses « ménestrels » ; les premiers chantaient des vers composés par leur chef, et les seconds accompagnaient sur divers instruments.

On appelait « lais » les chansons gaies ; et les tristes se nommaient « soulas ».

Les « pastorales » avaient pour objet les amusements de la campagne.

Les « syrventes » consacrées à chanter les combats et les victoires, étaient un mélange d'éloges et de satyres.

Les « fabliaux » étaient de petites histoires ou des contes moraux et allégoriques, dans lesquels la décence n'était pas communément fort ménagée.

Les « tensons », ou questions ingénieuses sur l'amour se portaient au tribunal appelé la *cour d'amour*, composée comme nous l'avons dit, des femmes les plus distinguées par l'esprit et par la naissance. Elles avaient seules le droit de résoudre ces sortes de problèmes.

Les premiers trouvères ou troubadours vinrent de la Provence ; les Muses françaises y comptaient au nombre de leurs élèves des souverains, des ducs, des comtes et des hommes de la première distinction. Les Picards suivirent de fort près les Provençaux et ne leur cédèrent que la gloire d'un peu d'ancienneté ; car, dit Fontenelle, la Picardie rivale de la Provence, avait aussi « ses plaids et gieus sous l'ormel ». André, chapelain de la Cour de France, qui vivait vers 1170, cite les cours d'amour des dames de Gascogne, d'Ermengarde vicomtesse de Narbonne (1144-1194), de la reine Eléonore, de la comtesse de Flandre, de la comtesse de Champagne (1174). Jean de Nostradamus parle de celles qui siégeaient à Signe, à Pierrefeu, à Romanin, à Avignon. « Les tensons, dit-il dans sa *Vie des poëtes provençaux*, étaient disputes d'amour qui se faisaient entre les chevaliers et dames, entre poëtes parlant ensemble de quelque belle et subtile question d'amour ; et où ils ne s'en pouvaient accorder ; ils les envoyaient, pour en avoir la définition, aux dames illustres présidentes qui tenaient « cour d'amour » ouverte et plainière à Signe, à Pierrefeu ou à Romanin, ou à autres, et là-dessus en faisoient arrests qu'on nommait *lous arrests d'amours*. »

Les cours d'amour rendaient des arrêts, soit sur des questions générales ; par exemple : l'amour peut-il exister entre gens mariés ? soit sur des cas particuliers que les amants leur soumettaient. « Autant que je puis me figurer la partie morale de cette jurisprudence, dit Henri Beyle, cela devait ressembler à ce qu'aurait été la cour des maréchaux de France, établie pour le point d'honneur par Louis XIV, si toutefois l'opinion eût soutenu cette institution. »

Voici le dépositif d'un jugement rendu par une cour d'amour:

Question : « Le véritable amour peut-il exister entre personnes mariées » ?

Jugement de la comtesse de Champagne : « Nous disons et assurons, par la teneur des présentes, que l'amour ne peut étendre ses droits sur des personnes mariées. En effet, les amans s'accordent tout naturellement et gratuitement, sans estre contraints par aucun motif de nécessité, tandis que les époux sont tenus, par devoir, de subir réciproquement leurs volontés, et de ne se refuser rien les uns aux autres..... Que ce jugement, que nous avons rendu avec une extrême prudence et d'après l'avis d'un grand nombre d'autres dames, soit pour vous d'une vérité constante et irréfragable. Ainsi jugé, l'an 1174, le troisième jour des calendes de mai, indiction VIIe ».

Presque tous les arrêts des cours d'amour ont des considérants fondés sur les règles d'un Code d'amour qu'André le chapelain nous a conservé. Ce code d'amour est du XIIe siècle et composé de trente et un articles. Nous nous contenterons de citer les principaux :

« L'allégation du mariage n'est pas excuse légitime contre le mariage ;

« Qui ne sait celer ne sait aimer ;

« Personne ne peut se donner à deux amours ;

« L'amour peut toujours croître ou diminuer ;

« N'a pas de saveur ce que l'amant prend de force à l'autre amant ;

« On prescrit à l'un des amants pour la mort de l'autre une viduité de deux années ;

« Personne ne peut aimer, s'il n'est engagé par l'espoir d'être aimé ;

« Il ne convient pas d'aimer celle qu'on aurait honte de désirer en mariage ;

« L'amour véritable n'a désir de caresse que venant de celle qu'il aime ;

« Amour divulgué est rarement de durée ;

« Le succès trop facile ôte bientôt son charme à l'amour : les obstacles lui donnent du prix ;

« Toute personne qui aime pâlit à l'aspect de ce qu'elle aime ;

« L'amour qui s'éteint tombe rapidement, et rarement se ranime ;

« Du soupçon et de la jalousie qui en dérive croît l'affection d'amour ;

« L'habitude trop excessive des plaisirs empêche la naissance de l'amour ;

« Rien n'empêche qu'une femme ne soit aimée par deux hommes et un homme par deux femmes ».

On ne trouve rien dans André ni dans Nostradamus qui permette de dire quelle était la peine encourue lorsqu'on n'obéissait pas aux arrêts des cours d'amour, ni jusqu'à quel point l'opinion sanctionnait les arrêts de ces cours, ni s'il y avait honte à s'y soustraire autant qu'aujourd'hui à une affaire commandée par l'honneur ; seul Martial d'Auvergne rapporte que le délinquant recevait le fouet de la main des dames, mais je ne sais jusqu'à quel point on peut faire foi de cette assertion quand les chronique du temps sont muettes à cet égard.

Les cours d'amour ont existé jusqu'au XIVe siècle.

Le roi René d'Anjou s'efforça vainement de soutenir les cours d'amour. « La dernière imitation qu'on en fit, dit M. Bachelet, eut lieu à Rueil, où Richelieu réunit une assemblée pour juger une question de galanterie soulevée à l'hôtel de Rambouillet ».

HÉLOISE ET ABAILARD.— Sans appartenir précisément par son caractère à la chevalerie proprement dite, l'histoire d'Héloïse et d'Abailard, qui est la plus belle et la plus populaire des légendes amoureuses, a pour cette raison naturellement droit de cité ici, car elle passe aux yeux des amants pour être le prototype de l'amour fidèle et sans bornes.

Abailard, au commencement du XIIe siècle, paraissait avec un éclat incomparable dans les écoles de Paris, enseignant la philosophie et la théologie, et enthousiasmant tout le monde et même les femmes, moins peut-être par la nouveauté de ses doctrines, que par sa belle prestance et sa brillante élocution. Fier de ses triomphes oratoires, assez vaniteux de sa personne, « il en était venu, disait-il, au point que quelque femme qu'il eût honorée de son amour, il n'aurait eu à craindre aucun refus ». Ici nous laissons parler Abailard lui-même, racontant sa vie à un ami, dans une lettre célèbre qu'il écrivit après ses malheurs ; nul ne saurait en être mieux l'historien.

« Il existait à Paris une jeune fille nommée Héloïse, nièce d'un chanoine appelé Fulbert, lequel, dans sa tendresse, n'avait rien négligé pour pousser l'éducation de sa pupille. Physiquement, elle n'était pas des plus mal ; par l'étendue du savoir, elle était des plus distinguées. Plus cet avantage de l'instruction est rare chez les femmes, plus il ajoutait d'attrait à cette jeune fille : aussi était-elle déjà en grand renom dans tout le royaume. La voyant donc parée de tous les charmes qui attirent les amants, je pensai à entrer avec elle en liaison, et je crus que rien ne serait plus facile que de réussir. Je me persuadai d'ailleurs que la jeune fille répondrait à mes désirs d'autant plus volontiers qu'elle était instruite et avait le goût de l'instruction ; même séparés, nous pourrions nous rendre présents l'un à l'autre par un échange de lettres ; la plume est plus hardie que la bouche ; ainsi se perpétueraient des entretiens délicieux. Tout enflammé de passion pour cette jeune fille, je cherchai l'occasion de nouer des rapports intimes et journaliers qui la familiariseraient avec moi et l'amèneraient plus aisément à céder. Pour y arriver, j'entrai en relation avec son oncle, par

l'intermédiaire de quelques-uns de ses amis ; ils l'en-
gagèrent à me prendre dans sa maison, qui était
très-voisine de mon école, moyennant une pension
dont il fixerait le prix. J'alléguai pour motif que
les soins d'un ménage nuisaient à mes études et
m'étaient trop onéreux. Fulbert aimait l'argent.
Ajoutez qu'il était jaloux de faciliter à sa nièce
tous les moyens de progrès dans la carrière des
bellesle-ttres. En flattant ces deux passions, j'ob-
tins sans peine son consentement, et j'arrivai à ce
que je souhaitais, le vieillard céda d'une part à la
cu.pidité qui le dévorait ; de l'autre, à l'espoir que
sa nièce profiterait de mon savoir. Répondant
même a nes vœux sur ce point au-delà de toute
espérance, et servant lui-même mon amour, il me
poursuivit des plus vives sollicitations pour l'éducation d'Héloïse, la confia à ma direction pleine et
entière, m'invita à consacrer à son éducation tous
les instants de loisir que me laisserait l'école, la
nuit comme le jour, et quand je la trouverais en
faute, à ne pas craindre de la châtier. J'admirais
sa naïveté et ne pouvais revenir de mon étonnement : confier ainsi une tendre brebis à un loup
affamé ! Me la donner non seulement à instruire,
mais à châtier sévèrement, était-ce autre chose que
d'offrir toute licence à mes désirs et me fournir,
fut-ce contre mon gré, l'occasion de triompher par
les menaces et par les coups si les caresses étaient
impuissantes ? Mais deux choses écartaient de

l'esprit de Fulbert tout soupçon d'infamie : la
tendresse filiale de sa nièce et ma réputation de
continence. Bref, nous fûmes d'abord réunis par
le même toit, puis par le cœur. Sous prétexte
d'étudier, nous étions donc tout entiers à l'amour ;
ces mystérieux entretiens que l'amour appelait de
ses vœux, les leçons nous en ménageaient l'occasion.
Les livres étaient ouverts, mais il se mêlait plus
de paroles d'amour que de philosophie, plus de
baisers que d'explications ; mes mains revenaient
plus souvent à son sein qu'à nos livres ; nos yeux
se cherchaient, réfléchissant l'amour, plus souvent
qu'ils ne se portaient sur les textes. Pour mieux
éloigner les soupçons, j'allais parfois jusqu'à la
frapper, coups donnés par l'amour, non par la
colère, par la tendresse, non par la haine, et plus
doux que tous les baumes. Que vous dirai-je ?
dans notre ardeur, nous avons traversé toutes
les phases de l'amour ; tout ce que la passsion
peut imaginer de raffinement nous l'avons épuisé.
Plus ces joies étaient nouvelles pour nous, plus
nous les prolongions avec délire : nous ne pou-
vions nous en lasser. Cependant, à mesure que
la passion du plaisir m'envahissait, je pensais de
moins en moins à l'étude et à mon école. C'était
pour moi un violent ennui d'y aller et d'y rester ;
c'était aussi une fatigue, mes nuits étaient données
à l'amour, mes journées au travail. Je ne faisais
plus mes leçons qu'avec indifférence et tiédeur ;

je ne parlais plus d'inspiration, je produisais tout
de mémoire : je ne faisais guère que répéter mes
anciennes leçons et si j'avais assez de liberté
d'esprit pour composer quelques pièces de vers,
c'était l'amour, non la philosophie, qui me les
dictait.

« Quelles furent la tristesse, la douleur, les plaintes
de mes disciples, quand ils s'aperçurent de la préoc-
cupation, du trouble de mon esprit ! on peut à peine
s'en faire une idée. Une chose aussi visible ne pouvait
guère échapper qu'à celui dont l'honneur y était
particulièrement intéressé, je veux dire à l'oncle
d'Héloïse. On avait essayé de lui donner des inquié-
tudes, il n'avait pu s'y arrêter, d'abord, ainsi que
je l'ai dit, à cause de l'affection sans bornes qu'il
avait pour sa nièce, ensuite à cause de ma réputation de continence. Mais ce qu'on apprend après
les autres, on finit toujours par l'apprendre, et ce
qui est connu de tous ne peut rester caché à un
seul. Ce fut ce qui, après quelques mois, nous
arriva. Quel déchirement pour l'oncle à cette découverte ! Quelle douleur pour les amants contraints de
se séparer ! Quelle honte, quelle confusion pour moi !
De quel cœur brisé je gémissais sur le sort d'Héloïse !
Et quels flots de désespoir souleva dans son âme la
pensée de mon propre déshonneur ! Nous gémis-
sions chacun, non sur notre propre sort, mais sur le
sort de l'autre ; chacun de nous déplorait l'infortune de l'autre, non la sienne. Mais la séparation des

corps ne faisait que resserrer nos cœurs ; privé
de toute satisfaction, notre amour s'en emflammait
davantage, la pensée du scandale subi nous
rendait insensibles au scandale, et le sentiment
de la honte nous devenait d'autant plus indifférent que la jouissance de la possession était plus
douce. Il nous arriva donc ce que la Mythologie
raconte de Mars et de Vénus, quand ils furent
surpris. Peu après, Héloïse sentit qu'elle était
mère, et elle me l'écrivit avec des transports
d'allégresse, me consultant sur ce qu'elle devait
faire. Une nuit, pendant l'absence de Fulbert,
je l'enlevai, ainsi que nous en étions convenus,
et je la fis immédiatement passer en Bretagne,
où elle resta chez ma sœur jusqu'au jour où
elle donna naissance à un fils qu'elle nomma
Astrolabe.

« Cette fuite rendit Fulbert comme fou ; il faut
avoir été témoin de la violence de sa douleur, des
abattements de sa confusion, pour en concevoir
une idée. Que faire contre moi ? Quelles embû-
ches me tendre ? Il ne le savait. Me tuer, me
mutiler ? Avant tout, il craignait d'appeler les
représailles des miens, en Bretagne, sur sa nièce
chérie. Se saisir de moi pour me réduire en charte
privée était chose impossible, je me tenais en garde, convaincu qu'il était homme à oser tout ce qu'il
pourrait, tout ce qu'il croirait pouvoir faire. Enfin touché de compassion par l'excès de sa dou-

leur et m'accusant moi-même du vol que lui avait
fait mon amour, comme de la dernière des trahisons,
j'allai le trouver, je le suppliai, je lui promis
toutes réparations qu'il lui plairait d'exiger ; je
protestai que ce que j'avais fait ne surprendrait
aucun de ceux qui avaient éprouvé la violence
de l'amour et qui savaient dans quels abîmes,
depuis la naissance du monde, les femmes avaient
précipité les plus grands hommes. Pour mieux
l'apaiser encore, je lui offris une satisfaction qui
dépassait tout ce qu'il avait pu espérer : je lui pro-
posai d'épouser celle que j'avais séduite à la seule
condition que le mariage fût tenu secret, afin
de ne pas nuire à ma réputation. Il accepta, il
m'engagea sa parole et scella de ses baisers la
réconciliation que je sollicitais. C'était pour me
mieux trahir.

« J'allai aussitôt en Bretagne, afin d'en ramener
mon amante et d'en faire ma femme. Mais elle
n'approuva pas le parti que j'avais pris ; bien plus,
elle me détourna de le suivre pour deux raisons :
le danger d'abord, puis le déshonneur auxquels
j'allais m'exposer. Elle jurait qu'aucune satisfation
n'apaiserait son oncle ; et la suite le prouva. Elle
demandait quelle gloire on pourrait tirer d'un
mariage qui ruinerait ma gloire et la dégraderait,
elle comme moi. Et puis quelle expiation le monde ne serait-il pas en droit d'exiger d'elle, si elle
lui ravissait un tel flambeau ! Quelles malédic-

tions elle appellerait sur sa tête ! Quel préjudice
ce mariage porterait à l'Eglise ! Quelles larmes il
coûterait à la Philosophie ! Combien ne serait-il
pas inconvenant et déplorable de voir un homme,
que la nature avait créé pour le monde entier,
asservi à une femme, et courbé sous un joug
déshonorant. Elle repoussa donc cette union comme une honte et comme une charge pour moi.
Enfin, parlant en son nom, elle me représentait
combien il serait dangereux pour moi de la ramener à Paris, combien le titre d'amante, plus
honorable pour moi, lui serait, à elle, plus cher
que celui d'épouse, à elle qui voulait me conserver
par le charme de la tendresse, non m'enchaîner
par les liens du mariage ; et elle ajoutait que
nos séparations momentanées rendraient les instants de réunion d'autant plus doux qu'ils seraient
plus rares. Puis voyant que ses efforts pour me
convaincre et me dissuader venaient échouer contre ma folie, et n'osant me heurter de front, elle
termina ainsi à travers les sanglots et les larmes :
« C'est la seule chose qui nous reste à faire,
si nous voulons nous perdre tous les deux. et nous
préparer un chagrin égal à notre amour ». Et,
en cela, le monde entier l'a reconnu, elle eut
les lumières de l'esprit de prophétie.

« Nous recommandons donc à ma sœur notre
jeune enfant, et nous revenons secrètement à
Paris. Quelques jours plus tard, après avoir passé

une nuit à célébrer vigiles dans une église, à l'aube
du matin, en présence de l'oncle d'Héloïse et de
plusieurs de ses amis et des nôtres, nous reçûmes
la bénédiction nuptiale. Puis nous nous retirâmes
secrètement chacun de notre côté, et dès lors nous
ne nous vîmes plus qu'à de rares intervalles et furtivement, afin de tenir le plus possible notre union
cachée. Mais Fulbert et les siens, pour se venger de
l'affront qu'ils avaient reçu, se mirent à divulguer
le mariage et à violer envers moi la foi jurée.
Héloïse protestait hautement du contraire, et jurait
que rien n'était plus faux. Fulbert, exaspéré, l'ac-
cablait de mauvais traitements. Informé de cette
situation, je l'envoyai à une abbaye de nonnes voisine de Paris et appelée Argenteuil, où elle avait
été élevée et instruite dans sa première jeunesse, et
je lui fis faire et prendre, à l'exception du voile, les
habits de religion en harmonie avec la vie monastique. A cette nouvelle, son oncle et ses parents ou
alliés pensèrent que je m'étais joué d'eux et que
j'avais mis Héloïse au couvent pour m'en débarrasser. Outrés d'indignation, ils s'entendirent, et
une nuit, pendant que je reposais chez moi, dans une
chambre retirée, un de mes serviteurs, corrompu à
prix d'or, les ayant introduits, ils me firent subir
la plus barbare et la plus honteuse des vengeances, vengeance que le monde entier apprit
avec stupéfaction : ils me tranchèrent les parties du corps avec lesquelles j'avais commis ce

dont ils se plaignaient, puis ils prirent la fuite.

« Le matin venu, la ville entière était rassemblée autour de ma maison. Dire l'étonnement et la stupeur générale, les lamentations auxquelles on se livrait, les cris, les gémissements dont on me fatiguait, dont on me torturait, serait chose difficile, impossible. Les clercs surtout, et plus particulièrement mes disciples, me martyrisaient par leurs lamentations et leurs gémissements si intolérables. Je souffrais de leur compassion plus que de ma blessure ; je sentais ma honte plus que ma mutilation ; j'étais plus accablé par la confusion que par la douleur. Dans cet état, ce fut, je l'avoue, un sentiment de honte plutôt que de vocation qui me poussa vers l'ombre du cloître. Héloïse, suivant mes ordres avec une entière abnégation, avait déjà pris le voile et était entrée dans un monastère. Nous revêtîmes donc tous deux en même temps l'habit religieux : moi, dans l'abbaye de Saint-Denis ; elle, dans le couvent d'Argenteuil. On voulait, je m'en souviens, soustraire sa jeunesse au joug de la règle monastique, comme à un insupportable supplice, on s'apitoyait sur son sort ; elle ne répondit qu'en laissant échapper à travers les pleurs et les sanglots la plainte de Cornélie : « O noble époux si peu fait pour un tel hymen ! Ma fortune avait-elle donc ce droit sur une tête si haute ? Criminelle que je suis, devais-je me marier pour causer ton malheur ! Reçois en expiation ce châtiment au-devant duquel je veux aller ». C'est en prononçant ces mots qu'elle marcha vers l'autel, reçut des mains de l'évêque le voile bénit et prononça publiquement le serment de la profession monastique ».

Ici se termine la triste épopée des fatales amours d'Héloïse et d'Abailard dont le souvenir, devenu légendaire pour les amoureux, représente encore l'idée de l'amour le plus grand et le plus absolu. Abailard mourut en 1142 et Héloïse lui survécut 22 ans. Leurs restes furent réunis au Paraclet. Depuis plus d'un demi-siècle, une partie de la dépouille mortelle des deux amants, auxquels un monument a été élevé, a été déposée au cimetière du Père-Lachaise, à Paris, et tous les ans, le Jour des Morts, une foule de croyants des deux sexes vont porter des fleurs à leur tombeau.

LES FLAGELLANTS. — Nous ne croyons pas devoir passer sous silence une institution historique, qui eut son heure de renommée, et qui se rapporte à notre sujet. Parmi les moyens employés pour exercer une influence propice sur les sujets récalcitrants à l'amour, on mentionne la flagellation, dont l'application remonte aux temps les plus reculés. Il ne nous paraît pas inutile d'en faire connaître ici les propriétés et l'application historique.

Pline raconte que Gallus, ami de Virgile, avait pour maîtresse une jeune romaine, tantôt indifférente et tantôt voluptueuse. Il se trouvait des jours où elle restait complètement insensible, tandis qu'en certains autres jours elle se montrait passionnée. Gallus cherchant la cause de ce phénomène, découvrit que sa maîtresse n'était amoureuse que les jours où son père la faisait fouetter pour la punir de ses escapades. Gallus profita de cette découverte, et lorsque sa maîtresse arrivait chez lui froide, indifférente, il la stimulait par une vigoureuse distribution de coups de verges, et la rendait folle d'amour, ivre de plaisir. Lucien, au VIIIe dialogue de ses courtisanes, fait dire à l'une d'elles que, lorsqu'un homme ne vous a ni battue ni injuriée, c'est qu'il ne vous chérit pas. A une époque plus rapprochée de nous, au quinzième siècle, dans les arrêts d'amour de Martial d'Auvergne, qui sont le compte-rendu des jugements donnés par les *cours d'amour*, on voit que le délinquant au code de Cythère avait à recevoir le fouet de la main des dames.

En 1260, on vit s'organiser, sous le nom de « flagellants », une confrérie religieuse dont les membres faisaient profession de marcher les pieds nus et de se donner la discipline, et dont le fondateur passe pour être un dominicain de Pérouse nommé Rainier. Le relâchement des mœurs et le libertinage qu'entraîna cette coutume forcèrent le pape Clément VI à la proscrire, et les docteurs de la Sorbonne frappèrent les sectaires de leurs censures ; mais ils ne disparurent que pour quelques années. Lorsque

Henri III revint de Pologne pour prendre possession du trône de France, il s'affilia à cette confrérie
qui avait son siège à Avignon, et l'exemple du roi
fut suivi par toute la cour. D'accord avec le nonce
du pape, il institua, en 1583, à Paris, une confrérie
de pénitents formée sur le modèle de la congrégation
d'Avignon. Les seigneurs les plus dissolus de la
cour, parmi lesquels ils faut compter les mignons
du roi, en faisaient partie ; aussi prétendit-on que,
sous les dehors de la piété, cette association cachait
des mystères infâmes. Au lendemain d'une grande
procession solennelle de la confrérie, le fameux
prédicateur Poncet, qui prêchait le carême à Notre-
Dame, ne craignit pas de traiter en pleine chaire
les pénitents de « confrérie des hypocrites et des
athéistes ; et qu'il ne soit vrai, dit-il en propres
termes : j'ai été averti de bon lieu qu'hier au soir
vendredy, jour de leur procession, la broche tournoit
pour le souper de ces bons pénitents ; et qu'après
avoir mangé le gras chapon, ils eurent pour colla-
tion de nuit le petit tendron qu'on leur tenoit
tout prêt. Ah ! malheureux hypocrites, vous vous
mocquez donc de Dieu sous le masque, et portez
pour contenance un fouet à votre ceinture. Ce
n'est pas là, de par Dieu, où il le faudroit porter ;
c'est sur votre dos et vos épaules, et vous en
étriller très-bien. Il n'y a pas un de vous qui ne
l'ait bien gagné. »

Il y a moins d'un siècle, il y avait encore des

confréries de flagellants en Italie, en Espagne et dans les provinces méridionales de la France.

Pendant le XVe et le XVIe siècles, il était aussi d'usage, aux jours des Innocents, de surprendre les jeunes personnes dans leur lit et de leur « bailler les innocents », c'est-à-dire de leur administrer le châtiment qu'on applique à l'enfance. Les amoureux ne se faisaient pas faute d'user de ce privilège qui faisait dire à Clément Marot :

> Très-chère sœur, si je savois où couche
> Vostre personne aux jours des Innocens,
> De bon matin j'irois à vostre couche
> Voir ce gent corps que j'ayme entre cinq sens.

Cette « chère sœur », si l'on en croit les biographes n'était autre que la belle Marguerite sœur de François Ier.

On peut rapprocher de ce traitement, que les chroniques proclament efficace, ce singulier aveu que Montesquieu plaçait dans la bouche d'une de ses héroïnes : « Ma chère mère, je suis la plus malheureuse femme du monde ; il n'y a rien que je n'aie fait pour me faire aimer de mon mari, et je n'ai jamais pu y réussir. Hier, j'avais mille affaires dans la maison, je sortis et je demeurai tout le jour dehors ; je crus à mon retour qu'il me battrait bien fort, mais il ne me dit pas un seul mot. Ma sœur est bien autrement traitée ; son mari la bat tous les jours ; elle ne peut pas regarder un homme

sans qu'il ne l'assomme soudain ; ils s'aiment beaucoup ainsi, et vivent de la meilleure intelligence du
monde. C'est ce qui la rend si fière, mais je ne lui
donnerai pas longtemps sujet de me mépriser ; j'ai
résolu de me faire aimer de mon mari, à quelque prix que ce soit ; je le ferai si bien enrager, qu'il
faudra bien qu'il me donne des marques d'amitié.
Il ne sera pas dit que je ne serai pas battue, et que
je vivrai dans la maison sans que l'on pense à moi.
La moindre chiquenaude qu'il me donnera, je
crierai de toute ma force, afin qu'on s'imagine qu'il
y va tout de bon, et je crois que si quelque voisin
venait à mon secours, je l'étranglerais. Je vous
supplie, ma mère, de vouloir bien représenter à
mon mari qu'il me traite d'une manière indigne.
Mon père, qui est un si honnête homme, n'agissait
pas de même, et il me souvient que, lorsque j'étais
petite fille, il me semblait quelquefois qu'il vous
aimait trop ».

Les effets de la flagellation sont tels, que
J. J. Rousseau avoue, dans ses *Confessions*,
qu'étant fouetté par Mademoiselle Lambrecier, le
fouet l'excitait si violemment, qu'un jour celle-ci
s'aperçut qu'il devenait homme, et s'abstint désormais de le fouetter. Un illustre écrivain de nos jours,
Michelet, recommande ce genre de châtiment, en certaines occasions, à l'égard de la femme qu'on aime.

Aujourd'hui, la flagellation n'est plus en honneur
que comme moyen hygiénique et thérapeutique.

LA GALANTERIE. — La galanterie, dit Montesquieu, n'est point l'amour, mais elle est le délicat,
le léger, le perpétuel mensonge de l'amour. La
galanterie, qui a exercé une si grande influence sur
les mœurs françaises, vint de la chevalerie. La
galanterie naquit, dit encore Montesquieu dans
l'*Esprit des Lois*, lorsqu'on imagina des hommes
extraordinaires qui, voyant la vertu jointe à la
beauté et à la faiblesse, furent portés à s'exposer
pour elle dans les dangers et à lui plaire dans les
actions ordinaires de la vie. Nos romans de la chevalerie flattèrent ce désir de plaire et donnèrent à
une partie de l'Europe cet aspect de galanterie. Il
se perpétua par l'usage des tournois, qui, unissant ensemble les droits de la valeur et de l'amour,
donnèrent encore à la galanterie une grande importance. Quoi qu'il en soit, que l'on entende par ce
mot : la politesse, l'empressement, les soins délicats,
les attentions gracieuses prodiguées aux femmes ; ou
bien : l'agrément, la grâce, la distinction dans l'esprit et dans les manières, ces qualités qui constituent le galant homme, on désignera toujours un
trait distinctif du caractère de notre nation. La
galanterie n'est certes pas toute en France ; mais,
chez nous, elle est plus fine, plus aimable, plus
savante, plus assidue que partout ailleurs, et l'on
peut à bon droit proclamer l'excellence de la
galanterie française.

C'est à l'époque de la Chevalerie que l'on fait

ordinairement remonter l'origine de ces mœurs si
sociales, de cette courtoisie, de cette loyauté envers
les rivaux, de ce respect pour les femmes, dans
lesquels nous faisons consister la galanterie. L'épopée galante dura jusqu'au XVIII° siècle, en passant
par diverses phases qui en modifièrent plus ou
moins le caractère primitif. Au reste, dans tous
les temps, la galanterie a présenté un double
aspect : il y a toujours eu la galanterie de l'esprit
et celle du cœur, puis celle des sens. On peut
caractériser l'époque chevaleresque en disant qu'elle
était de la première espèce plutôt que de la seconde.
Plus tard la galanterie des sens prit le dessus.
Au XVI° siècle, au temps de la décadence du
moyen-âge, l'idéal de l'amour s'efface. Sur le
trône de cette reine, Blanche de Castille, aimée
et chantée si purement par Thibaut de Champagne, viennent s'asseoir Marguerite de Bourgogne,
l'héroïne de la Tour de Nesle, Isabeau de Bavière,
qui ne vivaient que pour les plaisirs grossiers.
On connaît les orgies de la cour de Charles VI.
Le caractère de ce temps, c'était un libertinage
effréné ; toutefois, Louis d'Orléans, frère du roi,
conservait encore dans la débauche une élégance,
une grâce qui sembleraient appartenir aux voluptueux raffinés des temps modernes. En lisant le
petit roman de Jehan de Saintré, on verra combien l'ancienne galanterie était déchue au XV° siècle. Jehan finit par battre brutalement celle qu'il

avait choisie pour dame de ses pensées. Une telle
conduite eut été monstrueuse deux siècles plus
tôt : en effet, quoique de tout temps il y ait eu
des gens coutumiers du fait, on n'avait pas vu un
pareil exploit chanté dans les poésies des trouba-
badours. Louis XI était grivois ; c'était là sa galanterie. Les *Cent Nouvelles nouvelles*, qu'il fit
composer pour ses passe-temps, étaient les histoires
qu'il aimait pour les amours qu'on y célèbre. Avec
Charles VIII, Louis XII et François Ier la galanterie se releva entièrement. Les expéditions d'Italie
furent mêlées d'exploits et d'aventures amoureuses.
Les Français faisaient alors la guerre en véritables
Jocondes. Cette frivolité, cette absence d'esprit
politique dans les entreprises de guerre, expliquent
en grande partie nos revers du XVIe siècle. Les
prodigalités de François Ier, l'influence des favo-
rites, les intrigues, les rivalités des femmes de
cour, causèrent de grands désastres. Vient ensuite
le temps des derniers Valois : c'est là une honteuse
époque dans l'histoire galante. Brantôme nous
donne une bien triste idée des femmes de son
temps. Les mémoires du règne de Henri III sont
pires encore. Pendant les guerres civiles, le sang se
mêlait à toutes les intrigues. La honte et le dégoût
des immoralités d'une société semblable ne pouvaient être surpassés que par l'horreur qu'inspirent
les infâmes galanteries du souverain ; aussi l'on
respire lorsqu'on arrive aux aventures, cependant

peu délicates, du roi vert-galant, qui s'est fait presque pardonner sa scandaleuse conduite. Louis XIII
fut chaste et sévère ; il ne donna pas de mauvais
exemples. Ses relations avec Mlle de La Fayette
et quelques autres, dans lesquelles il cherchait
des amies plutôt que des maîtresses, ne fournirent
point d'aliment au scandale : il était, pour ainsi
dire, impuissant ; sa pruderie le rendait même
ridicule. Son caractère ou plutôt sa nature chétive
et cacochyme, dut nécessairement amener un certain changement dans les mœurs et imprimer un
retour vers la galanterie du bon vieux temps. Cela
amena les mœurs à s'épurer et fit que le sentiment de l'amour tendit à se spiritualiser. Quand
Louis XIV ramena la galanterie aux termes de
la réalité, on la trouve plus décente et plus suppor-
table que chez ses prédécesseurs. La fin du règne
de Louis XIV devient triste et dévote ; quant à la
régence, on sait si elle se dédommagea. La galanterie se traîna dans la boue jusqu'à la fin du règne de
Louis XV. Mais la société était moins dégradée que
la cour ; les femmes attiraient autour d'elles tous
les savants, tous les littérateurs, tous les philosophes, et commençaient à régenter la société ;
elles la rendaient aimable ; mais la morale n'y
gagnait pas, et jamais le goût du plaisir n'avait
été si puissant. La Révolution a fait disparaître
les vices brillants de la noblesse ; la liberté, le
travail, l'égalité ont tué la haute galanterie, en

jetant les fondements d'une régénération morale.

Les historiens littéraires font remarquer justement que l'Italie fut le premier pays où l'on usa et abusa de la galanterie dans les ouvrages de l'esprit; mais elle s'introduisit avec tant de facilité en France, elle y occupa une si grande place dans les derniers siècles, grâce au caractère et à la politesse de nos pères, que nous avons égalé, si non surpassé, toutes les nations dans ce genre où la fadeur accompagne bien vite la recherche et la délicatesse des sentiments.

Avec le moyen-âge, à l'origine de la galanterie qui remonte au XVᵉ siècle, l'entrée des femmes dans le monde, ou, pour parler plus exactement, dans la bonne compagnie qui se forme à mesure que se répand le goût des lettres et de la conversation, est l'évènement le plus important de l'amour à cette époque. «La prépondérance croissante des femmes, qui commence au XVIᵉ siècle et qui s'accomplit vers le milieu du XVIIᵉ siècle, dit M. Saint-Marc Girardin, a, pour ainsi dire, trois degrés principaux marqués par trois grands romans qui ont eu une grande influence sur les idées et sur le ton du monde: l'*Amadis*, qui représente l'amour chevaleresque qui s'adoucit et même qui s'effémine ; l'*Astrée* qui mêle l'amour platonique à l'amour chevaleresque, sous le nom d'amour pastoral ; la *Clélie* enfin, qui est le code de la galanterie honnête, et qui marque l'apogée de la prépondérance des femmes dans le monde et dans la littérature. Dans l'*Amadis*, les rudes chevaliers du moyen-âge sont devenus des amoureux sans cesser d'être de grands batailleurs. Dans l'*Astrée*, les amoureux de l'*Amadis* deviennent des bergers spirituels et galants. Dans la *Clélie* enfin, les bergers rentrent à la ville et dans les salons et s'occupent plus que jamais d'amour qui, sous le nom de galanterie, devient la science du monde et la règle de la bonne compagnie désormais fondée... La galanterie, telle que l'entendent les vraies précieuses du XVIIᵉ siècle, telle que l'entend Mademoiselle de Scudéry, est ce mélange d'empressement et de respect envers les femmes, dont la première origine se trouve dans la chevalerie, seulement le chevalier a déposé son armure à la porte des salons. La chevalerie s'est sécularisée, elle règle les rapports et les habitudes du monde entre les hommes et les femmes.... La conséquence naturelle de la place que les femmes occupent dans le monde est la galanterie, non point la galanterie dans le sens affecté ou corrompu du mot, mais la galanterie honnête et pure, comme l'entendent les véritables précieuses de l'hôtel de Rambouillet ».

L'AMOUR MODERNE.— Le XVIIIᵉ siècle est celui de la décadence de la galanterie ; elle s'abaisse, se dégrade ; le mot galanterie, qui si longtemps se confondit avec celui de bonne compagnie, devient synonyme de corruption. L'amour galant, qui avait

succédé à l'amour chevaleresque, est emporté avec
les idées, les sentiments, les institutions de l'ancien
régime par le torrent de la Révolution. Ramener
l'amour à la simplicité antique, le soustraire aux
influences monarchiques et religieuses qui l'ont
dénaturé tel paraît être l'effort des penseurs de
cette époque. Cabanis en parle ainsi : « Une des
causes qui ont contribué à dénaturer l'amour par
une exaltation factice, c'est le défaut d'objets d'un
intérêt véritablement grand, et le désœuvrement
général des classes aisées dans les gouvernements
monarchiques ; à quoi l'on peut ajouter encore les
restes de l'esprit de chevalerie, fruit ridicule de
l'odieuse féodalité, et cette espèce de conspiration
de la plupart des gens à talent pour diriger toute
l'énergie humaine vers des dissipations qui ten-
daient de plus en plus à river pour toujours les
fers des nations... Sous le régime bienfaisant de
l'égalité, sous l'influence toute puissante de la raison publique, étranger à tout enthousiasme, l'amour
sera le consolateur, mais non l'arbitre de la vie ; il
l'embellira, mais il ne la remplira point. Lorsqu'il
la remplit, il la dégrade, et bientôt il s'éteint lui-
même dans les dégoûts ».

Au commencement du XIXᵉ siècle, nous voyons
l'amour reprendre dans la littérature et dans la
société l'empire que la révolution lui avait enlevé.
Ce n'est plus l'amour chevaleresque du moyen-
âge ; ce n'est plus la galanterie du XVIIᵉ siècle ;

ce n'est plus le libertinage élégant du XVIIIe ;
c'est l'amour mélancolique et rêveur, l'amour que
la soif de l'infini fait dévier de sa fin naturelle,
l'amour qui se mêle à deux sentiments vagues et
indéterminés, le sentiment de la nature et l'inquiétude métaphysique ou religieuse ; l'amour qui
conduit au mépris et à la haîne de l'action, de la
réalité, à l'ennui et au dégoût de la vie ; l'amour
qui se plaît à chanter son éternelle plaie, à sentir
son incurabilité, à analyser son délire tout en
posant à ses désirs une barrière infranchissable.
Notre littérature contemporaine a donné une large
place à cet amour alanguissant, dont on trouve le
germe dans la *Nouvelle Héloïse* de J. J. Rousseau,
et que deux écrivains surtout, l'auteur de *René* et
d'*Atala* et l'auteur des *Méditations*, ont contribué à mettre à la mode. Gœthe, lui-même,
malgré le caractère réaliste de son génie, paya son
tribut à cette maladie du siècle, sur laquelle Paul
de Flotte a porté ce jugement sévère : « Rien ne
porte plus à la lâcheté des cœurs que cette ten-
dance à poursuivre et à justifier le développement
excessif d'une passion irréalisable, que cette folie
contradictoire qui consiste en définitive à aimer sa
passion en maudissant le but final, à se complaire
à la nourrir aulieu de la combattre, à maudire le
monde aulieu de le servir ».

L'AMOUR DU JOUR. — L'amour, et la galanterie qui en est la sœur de lait, ont de tous temps

joué en France un grand rôle, aussi bien dans la
politique que dans les relations sociales. La «galanterie française » jouit d'une réputation devenue
universellement légendaire.

Mais, hélas, — sans vouloir cependant médire
de mes contemporains, — je crois pouvoir affirmer
que l'un et l'autre ont dégénéré de nos jours. Nous
sommes bien loin, — deux fois: hélas ! — du temps
où les chevaliers français avaient pour devise :
« Dieu, mon Roy et ma Dame ». Les chevaliers
sont devenus légendaires ; leurs descendants se
sont appelés des petits-crevés, des cocodès, et
s'appellent, dernier style, des « gommeux ». Ils
fument des pipes, boivent de l'absinthe et *font*
des femmes. Un contemporain sceptique a dit de
l'amour actuel : « l'amour commence par une
carresse et finit par un chiffre ». Je lui laisse la
responsabilité de sa sentence.

Il ne faudrait pas conclure pour cela que de
nos jours l'amour est absolument vénal : non ;
seulement la jeunesse galante n'est plus ce qu'elle
était autrefois et, à côté de cela, la femme a
trafiqué de son cœur comme d'une valeur, en
faisant de l'amour un métier lucratif. A côté de
ces marchandes de plaisir, qu'on désigne sous le
nom de « cocottes », et qui vendent pour dix
francs ou un louis d'amour ; à côté de ces... clients,
assez niais pour l'acheter, le véritable amour a
encore cours cependant ; mais nous devons avouer

qu'il a quelque peu essuyé la décadence du siècle
et que l'intrigue a remplacé la galanterie : on a
de la considération selon la maîtresse qu'on a.
Un roman amoureux n'est plus aujourd'hui pour
beaucoup de gens qu'une affaire d'intrigue, et le
mot « amour » lui-même n'a plus qu'une portée
sans valeur. On aime comme on vit.

LES MARCHANDES D'AMOUR. — L'amour a, comme tout autres choses, ses Judas. Nous aurions
bien voulu ne pas entretenir nos lecteurs de ce
sujet, mais sa place est marquée dans la physiologie et c'est un scrupule pour nous que de
l'effleurer au moins.

La courtisane, qui a fait, surtout de nos jours,
de l'amour une denrée, remonte à la plus haute
antiquité. L'historique de ces marchandes de
plaisir sera succinct.

Les courtisanes ne furent nulle part plus franchement acceptées que dans la Grèce. Elles réali-
sèrent en dehors du gynécée, ce que nous appelons
la vie de salon, la vie du monde ; mais elles
n'entraient pas dans ce monde qu'elles étaient
appelées à dominer, sans une longue initiation, sans
une éducation première aussi sérieuse que celle
par laquelle on prépare de nos jours les jeunes
hommes à l'exercice des professions libérales. Certains pays de la Grèce s'étaient fait un renom en
fournissant des courtisanes célèbres, et, en vérité,
on parlait de Corinthe, de Milet, de Lesbos, comme

de telle université d'Allemagne ou d'Angleterre.
Lesbos, surtout, acquit une réputation pour ces
mœurs étranges auxquelles son nom demeurera à
jamais attaché dans le souvenir de l'histoire. Lesbos,
placée sur la route des colonies grecques de l'Asie
Mineure, véritable station, entrepôt par excellence
du commerce oriental, devait forcément être un
foyer de corruption et de mœurs dissolues. Lesbos
inaugura ce que pas une autre colonie grecque
n'avait encore osé : de véritables écoles, nous serions tenté de dire des couvents de courtisanes.
Ces femmes, destinées exclusivement au plaisir,
recevaient là une éducation complète. Cette éducation, dirigée par les femmes les plus lettrées et
les plus habiles, comprenant non-seulement tout
ce qui regardait le corps, mais encore tout ce qui
a trait aux jouissances de l'esprit ; et le nom de
Sapho, qui fut formée dans une de ces institutions
de Lesbos, est là pour donner une idée de ce que
pouvaient être ces singulières institutions. Les
Aspasie, les Phryné, les Laïs sortirent d'écoles semblables. On n'en finirait pas s'il fallait citer toutes
les courtisanes de la Grèce. Il y avait à Athènes un
temple dédié à Vénus populaire, un autre à Vénus
céleste. A Thèbes, à Mégalopolis, à Elys à Abidos,
des temples semblables existaient. Corinthe en
possédait un desservi par 15.000 prêtresses qui
n'étaient autres que des courtisanes. La classe des
courtisanes et des hétaïres s'était donc formée

par nécessité dans la société grecque. Mais alors, comme de nos jours, elle visait plus à la bourse qu'au cœur et la courtisane des temps anciens n'était point autre que la « cocotte » ou « l'horizontale » des temps modernes.

Il n'est pas sans intérêt d'envisager la courtisane à un point de vue très général et d'esquisser les diverses phases de l'existence de ces femmes qui passèrent souvent la moitié de leur vie dans un palais et l'autre moitié à la recherche d'un asile pour reposer leur tête, et qui tour à tour adorées et bafouées, ont vécu éternellement en butte aux récriminations des femmes légitimes dont elles sont les ennemies nées et naturelles et souvent les heureuses rivales. Prenons donc la courtisane grecque comme le type de la trafiquante d'amour, et entrons dans son intérieur vraiment digne de piquer la curiosité et que va nous ouvrir l'auteur des *Nuits corinthiennes* :

« La seule occupation d'une riche courtisane, dit-il, est le travail de sa toilette, travail long et minutieux qui absorbe la plus grande partie de la journée. A son lever, quatre esclaves la frictionnent de la tête aux pieds, afin d'exciter les papilles de la peau, et la placent dans un bain parfumé. Après un quart d'heure d'immersion, les esclaves, armés de strigiles en ivoire, recommencent les frictions pour enlever toutes les impuretés épidermiques. La friction terminée, on procède au travail de l'épilation, d'autant plus délicat qu'il faut arra-

cher sans douleur les poils disgracieux. On passe
ensuite aux onctions d'huile parfumée et aux fumi-
gations aromatiques, puis la courtisane est enve-
lopée dans un drap et transportée sur un lit de
repos. Là, voluptueusement étendue, elle pense aux
vêtements et aux parures qu'elle doit prendre, elle
se demande à quel genre de coiffure et de chaus-
sure elle donnera le choix. Elle songe à l'emploi
de sa journée, calcule tous les moyens de séduction
qu'elle mettra en jeu. Une esclave lui tient son
miroir: elle s'exerce aux doux sourires, aux regards
tendres et voluptueux ; elle essaye des poses, des
gestes, des mouvements grâcieux ; enfin elle indique à l'esclave habilleuse le vêtement du jour. »
    Nous n'entreprendrons pas d'énumérer ici tout
ce qui entrait dans la composition de cette toilette
dont les détails sont infinis ; nous voyons d'abord
deux esclaves enlever le drap qui l'enveloppait,
tandis que deux autres la fomentent doucement
avec des plumeaux au duvet de cygne afin de sécher
les parties restées humides ; puis vient le nettoya-
ge des cheveux qu'on parfume, pommade et dis-
pose avec une profusion de nattes, arrondies, autour
desquelles on enroule des cordonnets de filigrane,
des bandelettes lamées d'or et d'argent, tout un
attirail d'objets propres à attirer le regard. La
coiffure achevée, on donne une couche de noir aux
sourcils, on promène sur le bord des paupières un
léger pinceau trempé dans du noir d'encens pour

agrandir les yeux et velouter le regard ; les dents
sont nettoyées avec des brosses chargées d'une
poudre aromatique ; la langue est râclée avec une
lame d'ivoire, et dans la bouche on conserve pendant quelque temps une liqueur odorante qui doit
rafraîchir et parfumer l'haleine ; des éponges imbi-
bées d'eau astringente sont promenées sur diverses parties du corps pour effacer les rides précoces
et resserrer les tissus relâchés. Cela fait, on étend
le blanc et le rouge sur les joues, sur le cou,
sur la poitrine et sur les épaules, afin de cacher
les imperfections de la peau et de reconquérir
une fraîcheur perdue. La toilette des pieds, des
mains et des ongles arrive ensuite, et tous ces
menus détails de la coquetterie terminés, on procède à la pose des vêtements et des parures : robes,
ceinture, fichu, colliers, bracelets, agrafes, camées,
etc. Ainsi parée et vêtue, la courtisane s'ins-
talle sur de moelleux coussins, fait ouvrir la porte
de sa maison et attend la visite des amoureux qui
forment sa cour ; ou, visant à de nouvelles con-
quêtes, elle monte en litière et se rend sur les
promenades publiques.

Comme on voit, les courtisanes de la Grèce
exerçaient en grand leur métier. Parées de toutes
les séductions extérieures, désireuses d'exercer un
empire puissant sur les hommes les plus considé-
rables de la Grèce, elle tenaient à orner leur
esprit aussi bien que leur personne ; elles avaient

reçu l'instruction la plus soignée, avaient été for-
mées par des maîtres comme Socrate ou Phidias
et possédaient toutes sortes de talents, unissant
les charmes de l'esprit à ceux de la beauté.

Comme Athènes, Rome fut un foyer de libertinage et de dissolution ; elle eut aussi ses écoles
et ses fêtes Lesbiennes.

Les Romains célébraient un grand nombre de
cérémonies où le stimulus génital arrivait au suprême degré. Aussi tous les auteurs latins qui en
ont parlé les dépeignent comme des réunions où
la dissolution ne connaissait plus de bornes. Voici
comment Juvénal, entre autres, parle de ces fêtes :

« Les mystères qui ont lieu aux cérémonies de la
bonne déesse (Vénus), sont assez connus. Lorsque
la flûte engage à la danse et qu'également excitées
par le bruit du cor et d'abondantes libations les
Ménades de Priape, dénouent leurs longs cheveux et exhalent de profonds et passionnés soupirs...
oh ! alors, à quelle brûlante ardeur de s'unir entre
elles leurs esprits sont-ils en proie !... quel timbre
imprime à leurs voix leur passion amoureuse et leur
danse désordonnée !... oh alors, rien ne retient
plus le torrent de vin vieux qu'elles laissent couler
le long de leurs cuisses !... oh ! alors, Lausselle
les provoque et les défie au combat de la couronne,
prix de la victoire, qu'elle remporte par ses mouvements les plus voluptueux et les plus lascifs, sur
les filles corrompues des maisons de prostitution.

Elle-même est forcée d'admirer Médulline et d'envier ses manières dissolues et son attitude voluptueuse. La gloire de vaincre est égale entre les dames de la plus haute naissance. Toutes ont également droit aux palmes de la victoire. Rien n'est feint dans ces jeux ; rien n'y est caché, tout s'y passe avec franchise et vérité, à tel point que le fils de Laomédon, déjà dès le berceau insensible et glacé, et le vieux Nestor, avec son hernie, n'en pourraient supporter la vue sans se sentir embrasés. Alors une violente démangeaison s'empare d'elles, dans l'impatience de tout retard ; mais elles s'aperçoivent que la femme n'est qu'un être impuissant pour assouvir leur passion, et par toute la salle ce même cri est répété : « Qu'on amène des esclaves ! »

Avec de telles mœurs, la courtisane ne pouvait faire autrement que de se produire et de régner dans un pays si propice aux passions de volupté.

Cependant Rome considérait beaucoup moins ses courtisanes qu'Athènes. Ce qui différencie complètement la courtisane grecque d'avec celle de Rome, c'est que la première fuyant le gynécée, arborait franchement la pratique d'une vie libre, tandis qu'à Rome on voyait les plus nobles patriciennes se livrer honteusement au métier de courtisane, dans le seul but de satisfaire leur goût pour le libertinage. Que d'impératrices romaines furent de véritables courtisanes ! Faut-il citer Messaline, Théodora ? La Rome moderne a été un séjour pri-

vilégié pour les courtisanes, comme on peut le
voir par les auteurs qui parlent de cette ville au
XVe, au XVIe et au XVIIe siècles. Il suffira de
nommer la fameuse Imperia, chez qui toute la
société élégante de la cour de Léon X se réunissait.

En France, les courtisanes de profession, qu'on a
désignées sous des noms bien différents aux diverses époques de notre histoire, s'y sont établies dès
les premiers siècles. Les rois ne dédaignèrent pas
d'en entretenir auprès d'eux. Au reste, ce que nous
aurions à dire des courtisanes au moyen-âge rentre
plutôt dans le domaine de la prostitution; or, nous
passons outre.

Sous François Ier la cour devint la véritable
demeure des courtisanes, et c'est même à partir de
cette époque que ces sortes de femmes furent désignées sous ce nom, féminin de celui de courtisan,
par allusion à leur présence à la cour.

François Ier en encourageant le libertinage des
femmes, fit de sa cour un véritable lieu de débau-
ches. L'auteur de l'ouvrage intitulé *la Fortune
de la cour* s'exprime ainsi : « François Ier en
s'apprivoisant avec les dames, les fit devenir plus
hardies et par son exemple rendit la cour premièrement desbordée ; puis, par une manière de conta-
gion, faisant couler ce venin dans les villes, et le
respandant jusque dans les maisons particulières,
gesta et corrompit les mœurs publiques ». La
position qu'occupait auprès du roi Mlle d'Heilly,

devenue duchesse d'Etampes, et l'habitude qu'avait
celui-ci « de ne pas se faire faute des femmes
d'amour » et d'en prendre « quand il en avait à
faire », avaient fait naître chez beaucoup de femmes jusque-là honnêtes le désir de plaire au monarque pour arriver ainsi à la fortune.

Henri IV n'était pas homme à s'opposer aux
débordements de ses prédécesseurs et ce n'était pas
non plus Gabrielle d'Estrées qui pouvait l'aider
dans cette tâche.

Sous Louis XIV nous trouvons de nombreux
noms à inscrire sur la liste des courtisanes qui, à
l'exemple de la duchesse d'Etampes, de la belle
Fosseuse, de Gabrielle d'Estrées, de Marion Delor-
me, de Ninon de Lenclos se firent une réputation
de galanterie qui leur donne largement droit de
figurer parmi les plus célèbres.

Comme on le voit, le type de la courtisane a
singulièrement dégénéré depuis les temps de la
Grèce ; les femmes galantes modernes ont même
perdu ce nom. Sous Louis XIV, nous voyons les
comédiennes et les maîtresses des grands seigneurs
s'appeler des *créatures*, et nous les voyons devenir des *impures* sous Louis XV, des *phrynés*
sous le Directoire et des *lorettes* sous Louis-
Philippe. Les lorettes ont fait leur temps, les
cocottes les ont remplacées, puis les *biches*, les
crevettes et enfin les *horizontales* sont le dernier mot de la littérature vénérienne. Mais quelle

que soit l'étiquette, la marchandise est la même ;
« l'horizontale » comme « la lorette » n'a qu'un but,
celui de capter les regards et d'allumer les désirs
d'un riche libertin qui paye le plus cher possible le
plaisir qu'elle est toujours prête à donner.

Balzac a tracé un admirable portrait de la
courtisane : « L'insouciance et la prodigalité de
ces femmes les empêchent de songer à l'avenir.
Dans ce monde exceptionnel, beaucoup plus comique et plus sprituel qu'on ne le pense, les femmes
qui ne sont pas belles de cette beauté positive,
presque inaltérable et facile à reconnaître, les
femmes qui ne peuvent être aimées enfin que par
caprice, pensent seules à la vieillesse et se font
une fortune: plus elles sont belles, plus impré-
voyantes elles sont.— «Tu as donc peur de devenir
laide que tu te fais des rentes ? » — Dans le cas d'un
spéculateur qui se tue, d'un prodigue à bout de ses
sacs ces femmes, tombent donc, avec une effroyable
rapidité, d'une opulence effrontée à une profonde
misère. Elles se jettent alors dans les bras de la
marchande à la toilette, elle vendent à vil prix des
bijoux exquis, elles font des dettes, surtout pour
rester dans leur luxe apparent qui leur permette de
retrouver ce qu'elles viennent de perdre : une
caisse où puiser. Aussi ceux qui connaissent bien
leur Paris savent-ils parfaitement à quoi s'en
tenir en retrouvant aux Champs-Elysés, ce bazar
mouvant et tumultueux, telle femme en voiture de

louage, après l'avoir vue un an, six mois auparavant, dans un équipage étourdissant de luxe et de la plus belle tenue. « Quand on tombe à Sainte-Pélagie, il faut savoir rebondir au bois de Boulogne !... » disait Florine, en riant avec Blondet, du vicomte de Portenduère. Elles restent ensevelies en d'affreux garnis, où elles expient leurs profusions par des privations comme en souffrent les voyageurs égarés dans un Sahara quelconque, mais elles ne conçoivent pas pour cela la moindre velléité d'économie. Elles se hasardent aux bals masqués, elles entreprennent un voyage en province, elles se montrent bien mises sur les boulevards par les belles journées, elles trouvent d'ailleurs entre elles le dévouement que se témoignent les classes proscrites. Les secours à donner coûtent peu de chose à la femme heureuse qui se dit en elle-même: « Je serai comme ça dimanche ».

Ce qu'écrivait Balzac il y a trente ans est encore, et nous pourrions dire, sera toujours de l'actualité.

Aujourd'hui comme dans l'antiquité, de tous temps, la vie de la courtisane est une chasse perpétuelle au billet de banque, au louis, à la pièce de cent sous ; c'est ce qui a fait dire à un esprit paradoxal, en parlant de ces femmes, faites pour satisfaire les besoins génésiques de notre sexe plutôt que pour aimer : « Leur amour commence par une caresse et finit par un chiffre ».

MÉDITATION III

———

DE L'AMOUR CONJUGAL

A côté de l'amour *libre*, il y a l'amour *conjugal* : c'est-à-dire l'amour permis et réglementé par le Code qui régit notre société. La civilisation ne reconnaît pas l'amour en dehors des art. 144 et suivants du Code civil.

Des casuistes ont longtemps agité la question de savoir si un mari pouvait aimer sa femme. D'aucuns se sont prononcés pour la négative ; d'autres ont affirmé la proposition contraire.

Les tribunaux féminins du XIIe siècle, dont nous avons parlé dans la Méditation précédente, déclarent dans le *Code d'amour* qu'ils nous ont

laissé que l'amour « n'existe pas dans le mariage ».
Plus récemment, Balzac, le maître physiologiste
qui a traité à fond la matière, soutient « qu'un
mari est ce qu'il y a de moins fait pour l'amour » ;
et le même Balzac articule, non sans quelque fond,
que le mariage a à combattre incessamment un
monstre qui dévore tout : l'habitude. Il est profondément vrai que le fruit défendu a toujours eu un
attrait sans égal pour notre faible humanité, ce qui
tendrait à justifier que l'on s'aime mieux sans le
concours du Code qu'avec lui. Cependant nous ne
voulons nullement trancher une question aussi
grave et nous laissons la solution négative pour ce
que ses auteurs la donnent.

Un autre physiologiste, moins fantaisiste dans
sa définition, M. Debay, dit que : « le mariage,
dans toute société civilisée, est l'union de l'homme
et de la femme, selon les lois établies, afin d'associer tout ce qu'il y a de bon, d'aimant et d'affec-
tueux dans deux êtres qui éprouvent une douce
attraction l'un pour l'autre. Son objet se trouve
dans le bonheur et la prospérité qui doivent naître
de l'union ; dans l'appui et les secours mutuels que
les époux jurent de se prêter. Son double but
naturel et social est la progéniture, la bonne éducation physique et morale des enfants pour en faire
des hommes vertueux, des citoyens utiles. — Le
mariage est donc un acte qui touche aux plus hautes
considérations sociales et au bonheur de la famille.

« Le mariage développe et fortifie l'amour de la la progéniture, avec le sentiment du droit, du devoir et de l'équité, il met en jeu les forces physiques et morales ; il force à l'activité pour veiller et satisfaire aux besoins de la famille. La femme aime et soigne son mari ; le mari reconnaissant adore et protège sa femme ; enfin le mariage, en liant les deux sexes l'un à l'autre, prévient la débauche, modère les passions sensuelles par la facilité qu'on a de les satisfaire, et devient ainsi la sauvegarde des bonnes mœurs et de l'honneur des familles.

« Les droits de l'homme et de la femme sont égaux par nature, et la civilisation, qui chaque jour développe cette idée, a montré que, si l'homme est le roi des êtres animés, la femme en est l'aimable reine. C'est de cette égalité de droits que doivent naître une subordination réciproque, un parfait équilibre dans la vie conjugale.

« De tout temps le mariage fut considéré par les philosophes comme l'état naturel de l'homme et de la femme parvenus à l'âge de nubilité. Le mariage exige un âge convenable, un développement complet de l'organisation et des forces suffisantes. Il réclame des sentiments moins fragiles que ceux de l'amour ; l'amitié et l'estime doivent en être le soutien ».

Il semblerait résulter de tout cela que l'amour tient peu de place dans l'union conjugale et ce qu'on appelle l'*amour conjugal* ne serait que l'alliage de sentiments raisonnés et d'inclinations combinées avec les exigences d'une société dite civilisée. Nous no voulons pas admettre, pour notre compte, que l'amour ne puisse exister qu'en dehors du mariage, mais nous reconnaissons volontiers que l'*amour conjugal* n'est pas l'*amour*. On peut s'aimer, et on s'aime, dans le mariage, mais non comme en dehors du mariage : l'amour qui trouve sa principale jouissance et son bonheur dans l'imprévu, dans les difficultés de la possession, l'amour qui trouve tout son piquant et toute sa passion, toute sa sa force, toute sa violence, dans ses empêchements même, ne peut être le même que celui qui n'a qu'à dire « je désire » ou « je veux » pour être satisfait. Le droit, ce principe équitable du reste, qui est l'ennemi et le dompteur de toute liberté, ne peut être autre chose qu'une entrave à l'amour qui n'a d'autre loi que le sentiment et les sens et dont le libre arbître est la première des conditions d'être. Nous ne nions donc pas, comme les physiologistes renommés dont nous avons cité les jugements ci-dessus, que l'amour ne soit pas dans le mariage ; mais nous inclinons à penser qu'il n'est pas à un degré aussi intense, aussi infini qu'à l'état libre.

Nous ne voulons point non plus combattre une institution nécessaire et essentielle, mais nous n'avons l'intention d'accorder ici droit de cité qu'à l'amour spontané, dégagé de tout lien indissoluble

et fatal ; et, si nous avons consacré un chapitre spécial à l'amour conjugal, ce n'est que pour ne pas
laisser de côté une variété d'amour qui joue égal-
ment un rôle important dans les sociétées civilisées.

Un document curieux, le suivant, extrait des
Proverbes sur le mariage par M. Quitard,
vient de droit prendre sa place ici :

Statistique sur le mariage en France

Femmes qui ont quitté leurs maris pour sui-vre leurs amants......................	1.360
Maris qui se sont enfuis pour ne plus vivre avec leurs-femmes....................	2.361
Couples séparés volontairement..........	4.120
Couples vivant en guerre sous le même toit.	191.025
Couples qui se haïssent cordialement, mais qui cachent leur haine sous un exté-rieur poli.........................	162.320
Couples qui vivent dans une indifférence marquée...........................	510.132
Couples réputés heureux dans le monde et privés dans leur intérieur du bonheur qu'on leur suppose..................	1.105
Couples heureux en comparaison de la grande quantité des malheureux........	132
Couples véritablement heureux et vivant dans un parfait amour...............	9
Total des mariages :	872.564

Que nos lecteurs en prennent ce qu'ils voudront,
nous déclinons la responsabilité.

Les mariages d'inclination. — De toutes les
unions légalisées, le mariage d'inclination est
assurément celui qui peut revendiquer à plus juste

titre d'avoir l'amour pour base, puisqu'il est le couronnement de deux flammes qui ont connu le sentiment ineffable de l'amour avant la sanction de la formalité civile et religieuse.

Comme nous venons de le dire, la cérémonie du mariage n'est qu'une formalité de convention, que nous respectons d'ailleurs, mais qui ne peut ni enlever ni ajouter aux sentiments ardents que deux cœurs éprouvent l'un pour l'autre. Son but consiste uniquement à mettre l'amour en règle vis-à-vis de la société.

Sous ce rapport, les mariages d'inclination appartiennent encore à notre physiologie, puisque, quoique en sacrifiant aux conventions sociales, ils ont eu l'amour pour mobile, pour raison et pour solution. Peut-être que l'amour, une fois enchaîné dans les liens de l'hyménée, deviendra indifférent et froid ; que, cédant au droit, il perdra de sa grandeur et de sa force. Cela se peut, mais il aura été avant tout l'amour, avant de devenir l'amour conjugal.

Il est vrai que s'il est une institution bien faite pour dépoëtiser tout ce que l'amour a de beau et d'idéal, c'est bien celle du mariage. Autant l'amour est poëtique, autant le ménage est matériel et prosaïque, et le réalisme de cet état ne contribue pas que pour peu à faire décroître chez les époux les premiers sentiments qui les animaient. Il est vrai de dire aussi qu'un sentiment plus sérieux et

plus profond, l'affection, fait place à cet autre sentiment plus fougueux qu'on nomme l'amour, et
dans le mariage le premier est plus essentiel que
le second. On ne saurait douter de cette transformation ; mais, de là à nier que l'amour ne peut
exister dans le mariage ou qu'il est tellement entouré de dangers qu'il succombe inévitablement, il
y a certainement exagération. Il faut être sceptique
comme Balzac pour douter de l'existence et de la
sincérité de l'amour à l'état conjugal et nous ai-
mieux croire le monde meilleur que les auteurs ne
le font en général.

Les mariages de raison. — Les notaires, et
autres gens qui vivent du tant pour cent, en élevant
le mariage au niveau d'une adjudication, ont créé ce
qu'on appelle dans le monde : les mariages de
raison. Inutile de dire que l'amour est complètement étranger à ces sortes de transactions que l'on
peut qualifier de commerciales.

Il serait injuste d'attribuer absolument à notre
époque la responsabilité de ce genre d'unions et
de n'en pas faire remonter l'origine au-delà du
dix-neuvième siècle : On a dû toujours, plus ou
moins, commettre de ces hymens. Si le mariage de
raison n'est pas à proprement parler un produit
du siècle, il faut avouer cependant qu'il a reçu de
nos jours une fréquente application et que nos
mœurs ont beaucoup contribué à en développer
l'extension dans ces derniers temps. On le doit à

ce que les uns appellent la civilisation, d'autres la démoralisation. Dans tous cas, l'Amour ne peut qu'en déplorer la pratique.

Dans un travail intitulé *Métaphysique de l'amour*, un philosophe allemand, Schopenhauer, condamne avec juste raison les mariages de convenance qui sont conclus dans l'intérêt de l'individu et non dans celui de l'espèce. « Celui qui en se mariant, dit-il, pense plus à l'argent, qu'à l'amour, vit moins de la vie de l'espèce que de la vie de l'individu ; une telle conduite est contraire à la vérité et à la nature et soulève justement notre mépris ». Et nous nous rangeons, certes, à l'opinion du philosophe allemand.

LES AGENCES MATRIMONIALES.— Le siècle de progrès dans lequel nous vivons a enfanté les agences matrimoniales, sortes de maisons de confiance où un négociant en habit noir et cravate blanche débite l'amour conjugal comme de la marchandise, en gros et en détail, pour l'importation et l'exportation. Moyennant une remise sur la dot, et des arrhes en provision, il se charge de vous trouver, à forfait, une femme modèle, douée de toutes les vertus, domestiques et autres, que vous pouvez désirer : c'est le dernier mot du bonheur conjugal.

La principale Maison de ce genre est celle, bien connue, d'un M. de Foy, qui en a fait une véritable branche de commerce. Les journaux sont pleins de

ses réclames qui méritent certainement une mention et dont nous donnons à nos lecteurs, à titre de
curiosité, quelques spécimens, avec tout le luxe
typographique qui les accompagne :

M. de FOY — MARIAGES

Seul, j'ai le droit de porter ce titre :
INNOVATEUR-FONDATEUR de la PROFESSION MATRIMONIALE,
l'ayant RELEVÉE, INNOVÉE et *fait* SANCTIONNER.

M. de Foy jouit d'une renommée plus qu'européenne. Nous extrayons d'ailleurs d'un journal
sérieux l'annonce suivante qui initiera mieux que
nous ne saurions le faire aux pratiques de cette
institution actuellement en pleine vogue :

« M. **DE FOY est l'Innovateur-Fondateur** de la profession matrimoniale, c'est de
notoriété. Il a créé — *lui-même* — son agence
il y a **15** ans sur les bases les plus larges. Bien
jeune encore et à peine à l'œuvre, M. **DE FOY**
comprit que sa maison était un confessionnal.
Effrayé de l'immense responsabilité qu'il assu-
mait sur lui, il n'a jamais voulu *par discrétion*,
former aucun élève. Aujourd'hui que cette honorable maison est arrivée à son plus haut apogée, le célèbre négociateur, à la veille de quitter
les affaires, pourrait, par une cession, en tirer
fruit ; mais pour *conserver cette même discrétion* inhérente à son mandat, — cabinet, titres,
notes et correspondance, ses secrets, **tout** mour-
ra avec M. **DE FOY**, et la profession matrimoniale incomprise, mal gérée par de tristes nul-
lités et pis encore, avilie par une nuée de
Bohémiennes *sans aveu, sans mandat, sans
responsabilité*, retombera dans l'enfance où
M. **DE FOY** l'a prise il y a **15** ans. »

N'est-ce pas que c'est superbe ?

La concurrence s'en est mêlée depuis 45 ans et, comme le dit M. de Foy, avec l'indignation d'un praticien sans peur et sans reproches, la profession a été « avilie par une nuée de bohémiennes sans aveu, sans mandat, sans responsabilité ». Ce sont en effet des femmes qui, en majorité, se sont mises à exploiter cette industrie, d'un nouveau genre, « créée, fondée et innovée » par M. de Foy, et à l'heure présente, Paris compte plus de cinq cents agences de mariages.

Mais ce qu'il faut remarquer surtout, ce sont les procédés mis en pratique pour allécher le client.

Voici un spécimen d'annonce que je vous recommande :

MARIAGES
Répertoire discret fondé en 1860
LOYAUTÉ, DISCRÉTION ET CÉLÉRITÉ.
Mme A...., rue de l'Université, — Paris.

Une veuve sans enfants, 49 ans, fortune :			600.000 fr.
Une veuve	— 47 ans	—	500.000
Une veuve	— 44 ans	—	450.000
Une veuve	— 43 ans	—	300.000
Une veuve	— 41 ans	—	200.000
Une demoiselle........ 36 ans		—	150.000
Une demoiselle........ 33 ans		—	80.000
Une demoiselle........ 27 ans		—	50.000
Une demoiselle........ 24 ans		—	30.000
Une demoiselle........ 20 ans		—	25.000

NOTA. — MAISON recommandée comme des plus sérieuses. — Joindre à toute demande de renseignements 2 fr. en timbres-poste.

N'est-ce pas le comble du scepticisme matrimonial !..... Et comme cette savante progression des dots en raison des campagnes et des chevrons des *candidates* à l'hymen est éloquente, depuis la veuve de 49 ans à 600.000 francs, jusqu'à la vierge de 20 ans à 25.000 francs. Il y en a pour toute les ambitions et pour tous les goûts !

Mais le simple et éphémère prospectus, la modeste annonce à la 4e page de nos feuilles politiques ne suffit pas à ces bienfaiteurs intéressés de l'amour conjugal.

Le commerce matrimonial a pris une telle extension qu'il jouit même d'une presse professionnelle. Il existe à Paris un journal, bi-mensuel s'il vous plaît, l'*Alliance des Familles,* faisant l'article même pour l'exportation (Paris-Londres-Vienne-Berlin-Madrid-Genève-Bruxelles-New-York). La prime est habilement dissimulée par le taux élevé de l'abonnement qui offre une rémunération plus que suffisante à son directeur dispensateur du bonheur conjugal universel, sans doute breveté s. g. d. g.

Les grandes villes, où la matière matrimoniale est le plus facilement exploitable, n'ont point voulu rester en retard sur la capitale. Marseille, Lyon, Bordeaux, possèdent également des organes plus ou moins périodiques au service des courtiers en conjungo qui ont besoin d'une publicité toute spéciale pour le placement des jeunes filles avec tache, des veuves impénitentes et des soupirants décavés.

Nous avons sous les yeux un N° de l'*Alliance
des Familles* dont nous venons de parler, qui
donne l'exposé ingénieux du fonctionnement de
cette fructueuse industrie. Voici la manière d'opé-
rer pour les abonnés :

LE JOURNAL
L'ALLIANCE DES FAMILLES

doit être considéré à juste titre comme le
Répertoire le plus vaste et le plus choisi qui
seul existe en son genre et où chacun indis-
tinctement, par la réciprocité des situations,
peut faire choix d'un parti à sa convenance.

Aussi, pour nous prouver leur sympathie et
reconnaissant les véritables services que nous
leur rendons journellement, les familles ainsi
que le public en général, ne craignent pas de
s'adresser à nous avec la plus entière confiance.

Par suite du grand nombre de personnes
désireuses de se marier et dont l'insertion
figure dans notre journal, vous avez la *certi-
tude*, par la *correspondance directe, au
moyen de nos enveloppes spéciales*, de rencon-
trer en vue d'un mariage la personne que vous
recherchez.

Nous rappelons ci-après la manière de correspondre par la voie de notre administration.

Lorsque vous voyez dans l'une des colonnes
du journal une offre en mariage à votre convenance, comme âge, fortune et position, vous

écrivez directement à la personne en mettant exactement l'adresse que vous voyez au bas de son insertion :

EXEMPLE :

On désire marier une demoiselle de 20 ans, dot 30.000 fr., avec un jeune homme ayant une position dans le commerce ou l'industrie.

Écrire initiales A. B. 1426, bureau du journal.

Pour correspondre directement avec la personne faisant l'objet de l'annonce ci-dessus, il faut se servir de notre enveloppe spéciale (*qui n'est remise qu'aux abonnés seulement*), en adressant la lettre comme suit :

Initiales A. B. 1426

Bureau du journal L'ALLIANCE DES FAMILLES

Rue Milton.

PARIS

L'Administration transmet sans retard cette lettre, sans en prendre connaissance, et sous double enveloppe cachetée (sans aucune mention à la personne intéressée).

La réponse, vous la recevrez de la même manière, et vous êtes en correspondance directe.

LA RÉDACTION.

Puis, suivent en caractères menus cinq grandes pages d'annonces dont nous choisissons quelques-unes pour bien montrer à notre lecteur jusqu'où peut aller le sangfroid en matière matrimoniale.

Veuf, 63 ans, bien conservé, propriétaire négociant, chef-lieu de canton, très belle position, épouserait demoiselle ou dame veuve sans enfants, femme d'intérieur, de 45 à 53 ans, ayant 15 à 30.000 fr. de fortune.

À 63 ans ne vaudrait-il pas mieux se tenir tranquille!... quoique bien conservé !

Demoiselle noble, 23 ans, d'ancienne famille, 900.000 fr. de dot, désirerait épouser Monsieur occupant belle position industrielle ou commerciale.

Comment une demoiselle noble, d'ancienne famille, 23 ans et 900,000 francs de dot, ne trouve-t-elle point d'adorateurs par le temps qui court et a-t-elle besoin d'avoir recours à la publicité et aux agences !

Demoiselle, 26 ans, 350,000 fr. et un enfant naturel, épouserait Monsieur, avec position.

Comme ces 350,000 francs dorent bien la pilule qu'on fait avaler... avec la demoiselle !

Demoiselle 22 ans, jolie, 250,000 fr. légère infirmité, épouserait Monsieur sans fortune mais distingué.

Une demoiselle infirme demandant un Monsieur distingué!... pour rétablir l'équilibre sans doute ?

Une dame veuve 39 ans, bien élevée, musicienne, 100.000 fr. de fortune, épouserait M. de même âge, même sans fortune.

Sans doute pour perpétuer le souvenir de son premier mari ?

Demoiselle 52 ans, 230,000 fr. épouserait Monsieur même âge, bien conservé.

Et la demoiselle de 52 ans l'est-elle..... bien conservée ?

Dame veuve 45 ans, possédant un million de fortune, désirerait épouser industriel ou fonctionnaire ayant situation.

Encore un problème : la dame, même veuve, même 45 ans, avec un million, en quête de prétendant !...

Fille naturelle, 23 ans, 275,000 fr. Pas exigente. Pressé.

« Pas exigente » cela se conçoit; mais « pressé » ?..

Jeune homme, 29 ans, auteur, sans fortune, épouserait veuve ou demoiselle même avec tache. Forte dot.

Un auteur avec de la fortune, ce serait un comble. Mais ce qui en est un autre c'est le « même avec tache ». Forte dot, dit tout d'ailleurs. Jérôme Paturot à la recherche d'une position..... financière.

Demoiselle 46 ans, ne les paraissant pas, petit magasin de modes et lingerie (Province), possédant 2,000 fr., désirerait épouser Monsieur ayant position sûre.

Une églogue, quoi ! Un Philémon pour Baucis.

Industriel, veuf sans enfants, 44 ans, ne les paraissant pas, fondateur de sa maison qui est de premier ordre, centre de Paris, brevets, médailles, etc., fortune 500,000 fr., bénéfices nets 50 à 60,000 fr. par an, épouserait demoiselle de 24 à 34 ans, assez jolie, musicienne si possible, goûts très modestes, avec ou sans fortune, l'on tient principalement aux qualités, (échange de photographie).

Il n'y manque que le traditionnel : « La maison n'est pas au coin du quai ».

Orpheline, 22 ans, petite tache, 320,000 fr. peu exigente.

320,000 francs pour faire passer la petite tache. Que serait-ce pour une grosse !

N'est-ce pas que les propositions de l'*Alliance des Familles* sont alléchantes ? Seulement pour jouir des bienfaits conjugaux de la dite *Alliance* il faut commencer par prendre un abonnement de trois mois : coût 20 francs. L'*Alliance des Familles* ne fonctionne utilement que pour ses abonnés.

O Monsieur de Foy, voilez-vous la face !

La noble profession matrimoniale ravalée à une chasse aux pièces de 20 francs, sous le fallacieux prétexte d'abonnement ! car ce qu'il y a de plus clair dans le « programme » de l'*Alliance des Familles*, c'est qu'il faut prendre un abonnement d'un louis.

Décidément nous comprenons la noble et légitime indignation de l'honorable M. de Foy qui, lui, opère sans abonnement. Honneur à l'art sans artifices.

Les agences matrimoniales sont une mine féconde et chacune possède sa façon particulière de procéder. Mais la plupart d'entr'elles fournissent une moisson abondante aux tribunaux correctionnels.

Voici, par exemple, une dame de Saint-Just, dont on va lire le programme mirifique, et qui invoque, à l'appui de son honorable commerce, le nom d'un établissement religieux des plus estimés, se recommande de l'influence d'ecclésiastiques, et qui a retiré de forts beaux bénéfices de cette exploitation greffée sur la crédulité de ces pauvres victimes de l'hymen conclu sur facture.

Voici le prospectus en question :

Mme DE SAINT-JUST

DE UNE HEURE A CINQ HEURES

Rue Maubeuge.

« Je crois remplir une véritable mission, un devoir imposé par les ciconstances présentes, aujourd'hui que notre société, ébranlée dans sa base, a besoin de se reconstituer et de trouver des cœurs dévoués et courageux pour aider au mouvement de régénération sociale qui s'accomplit.

» La noblesse et la haute bourgeoisie tendent de plus en plus à se rapprocher par des mariages. De leur alliance doit sortir une race nouvelle, forte et saine, où les vertus domestiques s'unissant aux qualités chevaleresques seront pour notre société autant d'éléments régénérateurs.

» Ancienne élève du Sacré-Cœur, mon éducation, mes principes, mes sentiments religieux sont les garanties que je puis offrir aux familles, et c'est sous le patronage et la protection du clergé que je place mon œuvre.

« Mon but est saint et grand ; puissent les cœurs honnêtes le comprendre et marcher avec moi en prenant pour devise :

« France — Religion — Famille ! »

Tout cet étalage de beaux sentiments n'a pas été dépensé en pure perte, et c'est, hélas ! la *Gazette des Tribunaux* qui finalement a donné de sa publicité gratuite à Mme de Saint-Just.

La clientèle arriva à l'Institut matrimonial fondé rue Maubeuge, si bien que la police y a saisi cent quatre-vingt-douze dossiers de clients et un livre de caisse constatant l'encaissement de 29,878 francs dans l'espace de cinq mois.

Mais un cent quatre-vingt-treizième client que la fondatrice de l'Institut avait mis en rapport avec deux demoiselles du faubourg Saint-Denis, et qui était mécontent de n'avoir vu réussir aucun des deux mariages projetés, voulut se faire rendre les cent francs qu'on lui avait fait verser et, n'ayant pu obtenir cette restitution, il porta une plainte en escroquerie :

« Après avoir éprouvé dans mes projets de mariage plusieurs déceptions, dit-il dans cette plainte, découragé, je résolus de recourir à l'agence de Mme de Saint-Just, dont j'avais vu l'annonce dans les journaux. Elle me reçut avec beaucoup d'amabilité, me dit qu'elle était en rapport avec un grand nombre d'honnêtes familles, que beaucoup d'héritières lui étaient recommandées par son confesseur, que beaucoup de prêtres l'aidaient dans sa mission matrimoniale, car elle était, assurait-elle, ancienne élève du Sacré-Cœur, et elle me montra la médaille de ce pensionnat.

« Les conditions étaient une somme de 100 francs pour démarches préparatoires, plus 5 pour 100 sur le montant de la dot trois mois après le mariage. Je

donnai mes 100 francs (c'était tout ce que je possé-
dais), et quelques jours après Mme de Saint-Just
m'indiqua une jeune fille de Belleville.

« J'attendis deux ou trois semaines pour savoir le
résultat des démarches ; au bout de ce temps, on
m'apprit que la demoiselle était sur le point de se
marier. Alors Mme de Saint-Just m'envoya auprès d'un
intermédiaire qui se trouvait au café du Grand-Balcon.
Cet individu m'indiqua une jeune fille servant dans
le magasin de ses parents. J'allai tout de suite
acheter quelque chose pour la voir ; mais c'était une
jeune fille de dix-huit ans ; elle était trop jeune
pour moi qui en ai trente-trois. Je le dis à Mme de
Saint-Just ; elle me répondit : Vous êtes encore un
vieux maniaque, il faudrait fabriquer une femme
exprès pour vous ; je vais chercher dans mon magasin. A ces mots elle passe dans une autre chambre,
et en rapporte la liste de ses héritières, etc, etc. »

Mme de Saint-Just a été condamnée par le tribunal de la Seine à quelques mois de prison. Mais
vraiment quelques-uns de ses clients ne mériteraient-
ils pas une petite punition ? La crédulité poussée
à de telles limites est une offense à la morale
publique.

Le puffisme américain qui a envahi notre continent a trouvé dans cette industrie du mariage un
vaste champ pour exercer son génie inventif.

Voici une combinaison du Nouveau-Monde qui
dépasse de beaucoup les moyens mis en œuvre par
M. de Foy et ses contrefacteurs, et qui a pour but
de faciliter les unions légitimes par l'emploi de la
photographie. Voici le résumé du système.

Dans un établissement, « décoré avec goût »,

deux salles sont disposées, la salle A et la salle B.
Ces pièces ne communiquent pas.

Dans la première sont exposés les portraits pho-
tographiques de dames ou de demoiselles qui
cherchent un mari,

Dans la seconde, les messieurs qui désirent con-
voler en justes noces, font également accrocher
leur photographie à la muraille.

Pour qu'un monsieur et une dame soient admis
à exhiber ainsi leur portraiture, il est nécessaire
qu'ils produisent diverses attestations faisant connaître leur état-civil, leur position dans le monde
et leur fortune.

Ces conditions remplies, rien de plus simple que
le fonctionnement du système. Vous allez en juger.

L'homme à marier qui, à la suite d'une ou plusieurs visites à la salle A, vient de fixer ses pré-
férences sur une photographie féminine se rend
vers la partie de cette salle où se trouve un casier
de cartes donnant des renseignements sur chacune
des personnes dont les portraits sont exposés.

S'il est satisfait de cette enquête, il inscrit au
crayon sur la photographie préférée le numéro de
sa propre photographie déposée dans la salle B,
visitée par les femmes, puis il détache le portrait
féminin et le dépose au bureau.

Un employé transporte la photographie ainsi
annotée dans la salle B, et la place juste au-
dessus du portrait de l'homme. S'il arrive qu'à la

première visite la femme ne trouve pas le courtisan en effigie à son goût, elle le détache simplement et le dépose dans une boîte sépulcrale disposée *ad hoc,* et d'où les employés le retirent pour le remettre à sa place première.

Le galant convient-il, au contraire ? La femme consulte le numéro inscrit sur la photographie masculine. Dans un casier sont des cartes à renseignements sur tous les hommes qui exposent leur portrait dans l'établissement. La femme voit par conséquent si le parti est sortable. Si elle est satisfaite sur tous les points, elle détache les deux photographies, la sienne et celle du prétendant et les dépose au bureau.

Le procédé pour les femmes est exactement le même que pour les hommes. Chaque sexe agit de la même façon ; la femme, elle aussi, a le droit de détacher la première photographie masculine qui lui convient.

Après avoir reçu, comme il vient d'être dit, un portrait d'homme et un portrait de femme réunis, les employés en avisent par lettre les parents de la personne choisie. Ces derniers ainsi que ceux de la personne qui a fait le choix, également prévenus, se rendent au bureau où les employés leur donnent séparément connaissance des choix faits de part et d'autre. Si ces choix préliminaires sont acceptés par les parents de l'homme et de la femme, les premiers se transportent chez les seconds, et c'est seulement à la suite de cette entrevue que l'homme est présenté à la femme.

Si pour une cause quelconque les parents n'adhèrent pas, les deux portraits vont reprendre leur place, où ils resteront exposés jusqu'à ce que surgisse une occasion plus favorable.

Il était digne de notre siècle de transformer le soleil en agent matrimonial. Cet emploi des forces de la nature pour les unions de cœur et d'intérêts nous éloigne à mille lieues du vieux temps où les soupirants d'amour cherchaient à se faire aimer en jouant de la guitare. Ce qui plaît surtout dans ce système, c'est qu'il ne laisse rien à la fraude. La photographie ne ment pas. Avec l'ancien jeu, quand on se rencontrait dans le salon d'une agence, il y avait toujours tricherie réciproque. Grâce aux ressources de l'arsenal féminin, les dames à marier pouvaient infliger d'impudents désaveux à leur acte de naissance. La poudre de riz, le rouge, le noir, harmonieusement fondus, un usage habile des postiches donnaient aux laiderons un air de grâce et de jeunesse. Les hommes eux-mêmes ne dédaignaient pas de se grimer, et plus d'une liaison commencée à la faveur de ces artifices se dénouait brusquement lorsque le plein jour rétablissait la vérité sur les visages. La photographie rend les surprises impossibles. Ses témoignages ont la rigueur d'un inventaire consciencieux.

Sans vouloir nous appesantir davantage sur un

chapitre intarissable d'ailleurs et qui pourrait nous fournir à lui seul la matière de plusieurs volumes, nous citerons comme mot de la fin cette saillie d'un bohême affamé et perdu de dettes, qui est en pleine situation.

Notre héros se rendit chez un agent matrimonial pour épouser une prétendue dot de 3,000 fr. de rente, avec une femme vertueuse par dessus le marché.

Après les explications nécessaires, le marieur demande, selon l'usage, 200 fr. d'avance pour frais de bureau et autres.

— Deux cents francs ! s'écrie le bohême. Si j'avais deux cents francs, est-ce que je me marierais!

Conclusion : les agences matrimoniales sont en général le refuge des déclassés, des déshérités, des démoralisés, voire même des disgrâciés.

A côté des agences qui font les mariages, depuis la loi de 1886 sur le divorce, il y a maintenant la concurrence des agences qui les défont.

Cueilli à la 4e page du *Petit Journal* :

DIVORCE On fait les avances. Célérité. — Jurisconsulte spécial. — Cabinet PETIT. rue du Château-d'Eau, PARIS.

Ceci nous semble le dernier mot du puffisme matrimonial.

LA NUIT DE NOCE. — « Le lit est tout le mariage ! » dit Balzac dans sa *Physiologie*. Cet aphorisme, peut-être quelque peu dépourvu de précautions oratoires, n'en est pas moins d'une vérité incontestable. Aussi, l'illustre auteur a-t-il émis sur le sujet toute une théorie en trois points dont la philosophie est digne de la méditation de nos lecteurs :

« Le lit est un de ces meubles décisifs, dit-il, dont la structure doit être longuement méditée. Là, tout est d'un intérêt capital. Voici les résultats d'une longue expérience. Donnez à ce meuble une forme assez originale pour qu'on puisse toujours le regarder sans déplaisir au milieu des modes qui se succèdent avec rapidité en détruisant les créations précédentes du génie de nos décorateurs, car il est essentiel que votre femme ne puisse pas changer à volonté ce théâtre du plaisir conjugal. La base de ce meuble sera pleine, massive, et ne laissera aucun intervalle perfide entre elle et le parquet. Et souvenez-vous bien que la dona Julia de Byron avait caché don Juan sous son oreiller.»

Ce meuble délicieux, souvent trop étroit pour un, trop large pour deux,

C'est le retrait couleur de rose
Où l'époux amène le soir
L'épouse ignorant toute chose
Et demandant à tout savoir.

La première nuit des noces est en effet un des passages de l'existence des plus difficiles et des plus délicats à franchir. Ne point effaroucher l'innocence et l'ignorance de la jeune fille, épargner sa pudeur instinctive, être débordant de tendresses expansives, lui enseigner discrètement les obligations matrimoniales et finalement lui en démontrer les incomparables avantages. Toutes ces conditions, différentes et graduées, exigent un certain savoir et un certain tact. De cette première nuit dépendent souvent le bonheur et l'avenir d'un ménage. Ceci s'adresse exclusivement aux maris.

O vous époux du matin, en mettant le pied dans la couche nuptiale, pénétrez-vous bien de cet avertissement.

Le premier de tous les principes à observer en cette occurrence est celui que Balzac formule sous l'apparence d'une maxime : « Ne commencez jamais le mariage par un viol ». Là est le point de départ. Là est le grand secret du bonheur conjugal.

On comprendra que nous nous abstenions de produire ici un *Guide de l'étranger dans le mariage* et surtout que nous formulions un traité sur l'art d'employer réglementairement la première nuit des noces. C'est une affaire d'inspiration qui doit être uniquement laissée à l'arbitre et à l'intelligence des interprètes.

Les meilleurs conseils que nous puissions offrir, tant pour la première nuit de noces que pour le bail matrimonial en général, se trouvent résumés dans le *catéchisme conjugal* que nous donnons à la fin de ce chapitre et dont nous recommandons soigneusement la méditation aux ayant-droit. C'est tout un code et une règle de conduite à la fois.

ANECDOTE. — Ceci ne nous empêchera pas de raconter ici une anecdote que nous avons indiscrètement copiée sur le carnet d'un de nos amis et qui démontre combien il est parfois difficile de s'acquitter consciencieusement de cette première nuit.

Nous lui donnons la parole.

LA PREMIÈRE NUIT DE MES NOCES

« J'avais vingt-cinq ans. J'étais timide et j'étais blond. La seule vue d'une femme me faisait monter une candide coloration à l'endroit des joues, je me troublais, je devenais gauche, j'étais niais.

« La demoiselle, à qui mon père m'avait dit de faire la cour, faisait semblant de ne pas constater mon embarras, — sa mère le lui avait recommandé.

« Il arrivait que nous restions, l'un près de l'autre, quelquefois un quart d'heure sans nous adresser la parole.

« Je modelais dans mon cerveau une multitude de compliments et de phrases à effet que je n'exprimais pas.

« Ma future devait se dire : pour un avocat, mon futur est bien peu éloquent.

« A un moment donné, nous levions les yeux, nos regards se croisaient ; et nous rougissions à qui mieux mieux.

« Cela dura trois mois.

« Enfin nos parents respectifs jugèrent que nos deux cœurs étaient mûrs pour le sacrifice à Hyménée.

« On débattit le taux de ma valeur, — je valais soixante mille francs — puis on signa le contrat. Le notaire, — en vertu d'un us, prétendit-il, consacré — embrassa ma fiancée, ce qui me déplut souverainement.

« Trois jours plus tard, le prêtre de notre paroisse nous donna devant tout le monde des conseils, comme s'il se fut intéressé à notre ménage ; puis il conclut en nous donnant la bénédiction nuptiale.

« Tout cela se passa avec beaucoup de gravité. On retourna à la maison ; on mangea beaucoup, on but de même.

« Minuit sonna : c'était l'heure d'aller se coucher et l'on poussa la courtoisie jusqu'à nous accompagner dans notre chambre. . . . .

. . . .

« Alice commença par me tourner le dos, pour ne pas me voir.

« J'avais fais la cour pendant trois mois à celle que j'avais à présent le droit d'appeler « ma femme » et le premier soir de nos noces, je me trouvais plus embarrassé auprès d'elle que le jour où je la vis pour la première fois.

« Pour entrer en conversation, je laissai tomber ma montre.....

— Que vous êtes maladroit ! répondit-elle à mon invitation.

« La glace était rompue.

« Je défaisais alors le troisième bouton de mon gilet.

— Veuillez passer dans le cabinet, que je me déshabille, ajouta-t-elle d'un ton sec qui me révéla une perspective peu souriante pour le bail à vie que je venais de commettre.

« C'est peut-être le sommeil, pensai-je, essayant d'excuser cette acreté parlementaire. Et j'obéis.

« Pendant ce temps-là, toutes sortes de visions m'apparurent dans l'obscurité, et mon imagination leur prêtait les formes et les grâces de ma chère Alice. Je devenais poëtique.

« Au bout d'une vingtaine de minutes, je revendiquai ma liberté, au moyen d'une formule peu assurée, mais plaintive.

— Vous vous ennuyez donc ? me répondit-elle.

— Oui, répliquai-je, plus plaintivement encore que la première fois.

— Vous pouvez entrer.

« Elle venait de souffler la lumière et je n'entendis qu'un pas invisible qui d'un bond sauta de la cheminée à la couche que j'allais partager avec elle.

« Ma toilette de nuit, à moi, ne dura que quel-

ques minutes ; je me glissai furtivement, graduel-
lement, timidement sous les couvertures. Elle
tressaillit.

« Je crus convenable de lui demander à l'embrasser en lui souhaitant la bonne nuit. Elle ne
répondit pas ; j'eus la hardiesse de le faire.

« Elle me tourna le dos, j'en fis autant ; nous
nous endormîmes. Et....

« Et le lendemain c'était à recommencer. »

LE DEVOIR CONJUGAL. — La question est certainement des plus graves. Les théologiens, les
législateurs, les philosophes ne se sont pas moins
occupés que les conteurs et les poëtes du *devoir
conjugal*, sujet qui prête autant à une discussion
sérieuse qu'au badinage léger, et qui est au fond
une question d'économie domestique des plus
sérieuses.

Dans l'antiquité, on défendait le mariage aux
hommes passé soixante ans, et aux femmes après
cinquante. Dans les sociétés modernes, où le mariage
n'est plus contracté dans le seul et unique but
d'avoir des enfants, mais où il est plutôt une union
entre des personnes morales, entre des êtres égaux,
les devoirs réciproques des deux époux ont bien
changé. Le mari, grec ou romain, ne se reconnaissait
aucun devoir envers sa femme, qu'il n'avait prise
que pour avoir des enfants, et à laquelle il ne
demandait même pas le plaisir, qu'il allait chercher
auprès des courtisanes. Le Coran s'est montré

plus équitable que la législation antique : il permet
au musulman d'avoir autant d'épouses qu'il en peut
nourrir; mais il lui impose le devoir de s'approcher
de chacune d'elles au moins une fois tous les mois.
Quelques-uns prétendent que c'est pour cette raison
que plusieurs chrétiennes se sont faites musulmanes, tandis qu'on n'a jamais vu de musulmanes
changer de religion.

Bien différent était le catholicisme, qui, regar-
dant l'œuvre de chair comme une abomination,
conseilla la continence jusque dans le mariage.
Ne pouvant l'exiger complète cependant, il essaya
du moins de diminuer le mal. et interdit aux époux
de se rendre le devoir conjugal durant les temps
de pénitence et aux époques des grandes fêtes.
L'historien de la vie de Saint-Louis nous apprend
que ce roi observait une continence absolue pendant le carême, l'avent, et tous les samedis et
veilles des fêtes. Ces prescriptions étaient si bien
acceptées, qu'y avoir manqué paraissait une faute
presque aussi grande que l'adultère.

Mais toutes les femmes ne sont pas toujours
d'humeur et de tempérament à supporter héroïque-
ment les privations de ce genre et si la plupart ne
sentaient pas vivement les aiguillons de la chair, on
n'eût pas vu jadis naître les procès pour cause
d'impuissance, à propos desquels de Brosses a écrit
le passage suivant :

« Les procès pour fait d'impuissance, si rares

chez nous parmi les gens de condition, que nous
n'en avons pas vu depuis l'affaire du duc de Gèvres,
ne le sont pas autant ici. On dit que la mode en
est venue des Génoises. On en rit, car la matière
en donne envie d'elle-même ; mais on ne trouve
pas choquant que les femmes soient mal satisfaites
de n'être pas contentées. Ont-elles tort dans le
fond ? Je vous en fais juges, mesdames, vous qui
connaissez le beau rameau d'olivier qui fait la paix
du ménage. Les nations ont, de part et d'autre, des
façons de penser bien diverses : chez nous, la
chasteté est une vertu qui a le pas sur toutes les
autres, s'il faut vous en croire ; car Dieu sait
combien vous faites les renchéries du peu que vous
en avez. Sur quoi, je vous dirai en passant que
vous ne devriez pas tant vanter cette vertu, de peur
que l'on ne croie que vous ne l'exaltez si fort que
parce que vous trouvez qu'elle est la plus difficile
à pratiquer ».

Les conteurs du moyen-âge, qui ont trouvé le
moyen de s'égayer à propos des vices et des travers,
ou plutôt des ridicules de leurs contemporains, ont
amplement usé d'un sujet qui se prêtait si bien à
leur verve satirique et surtout égrillarde ; ils ont
composé là-dessus une foule de fabliaux. Mais il
en est un qui l'emporte sur tous les autres : Voici
un abrégé de ce conte, quelque peu osé, que nous
allons gazer pour nos dames d'aujourd'hui, car
celles d'autrefois étaient assez foncièrement vertueu-

ses pour écouter ces gravelures sans rougir. Cette croustilleuse anecdote est intitulée le *Pêcheur de Pont-sur-Seine.*

« A Pont-sur-Seine, un pêcheur venait d'épouser une jeune femme qui lui avait apporté en dot dix vaches et dix brebis. Il en était aimé follement, et il est vrai de dire qu'il faisait tout ce qu'il fallait pour cela. Un certain matin que, encore couchés, tous deux devisaient joyeusement, sa femme lui dit dans un transport de tendresse, qu'elle le chérissait plus que son père, sa mère, ses parents, ses vaches, ses brebis. Et, comme il affectait d'en douter :
« Et pourquoi ne te chérirais-je pas? ajouta-t-elle.
« Ne suis-je pas bien vêtue, bien nourrie? Me
« manque-t-il quelque chose? N'as-tu pas à mon
« égard toute sorte de bons procédés? — Sans
« doute reprit le mari en lui lançant un regard
« oblique; mais ce n'est pas là tout; avoue qu'il y
« encore une autre raison que tu n'oses me dire ?»

« D'abord, elle fit semblant de ne rien comprendre à ce discours; mais, quand il se fut expliqué plus clairement, elle se piqua au jeu, se récria beaucoup sur de pareilles idées, protestant que, sans les obligations que lui imposait son devoir, elle ne se fut jamais prêtée aux complaisances dont il parlait, et elle l'assura que, s'il pouvait prendre sur lui de ne plus les exiger, elle l'en aimerait bien davantage. Tout cela n'était que pruderie; mais la sournoise jurait ses grands dieux qu'elle était sincère. Le mari, voyant que sa moitié s'obstinait, résolut de mettre cette sévère vertu à l'épreuve.

« Quelques jours après, comme il était en train de pêcher, il vit un cadavre tout nu suivant le fil de l'eau. La vue de ce corps mort fit jaillir une idée du cerveau du pêcheur : « Parbleu ! dit-il en se frappant le front, d'un air triomphateur, nous allons rire!» Il rentre chez lui avec un air consterné, et dit à son épouse qu'ayant été rencontré par des chevaliers brutaux, ces barbares s'étaient fait un cruel plaisir de le tourmenter, et qu'il n'avait échappé à la mort que par une perte plus triste mille fois que celle de la vie. Cet aveu fait, le drôle tira tout à coup de sa poche ce qu'il appelait la preuve de son malheur, preuve que lui avait fournie le cadavre en question.

« La pauvre femme recula, comme si elle avait été frappée d'une décharge électrique. Ce que voyant, le mari ajouta: «Hé! ma mie, je puis me consoler de mon infortune ; ne m'as tu pas juré que tu ne m'aimais que pour moi-même, et que si... tu sais? tu m'en aimerais bien davantage. » Mais la dame n'entendait pas de cette oreille-là ! elle devint rêveuse et commença à trouver mauvais tout ce que faisait et disait le pauvre mari ; elle se montra, tout le reste de la journée, d'une humeur massacrante, et voyant que le soleil menaçait de se coucher, elle chercha à son mari une querelle d'allemand, et lui déclara net qu'elle allait, le soir même, retourner chez ses parents. Puis, apercevant sa nièce Marton qui ramenait des champs les vaches et les brebis pour les faire rentrer à l'écurie, elle lui ordonna impérieusement « de tourner bride et de reprendre vite, vite, le chemin de la maison de son père, sans laisser rien de sa dot au vilain. » Le pêcheur, voyant que les choses tournaient au sérieux vira de bord, et un coup d'œil expressif lancé à la dame, avec quelques mots dits à voix basse, la désabusèrent entièrement, et lui montrèrent que le gars avait seulement voulu l'éprouver.

« Allons ! Marton, cria-t-elle joyeusement, voilà-t-il pas une niaise qui prend au sérieux ce que je lui dis, et qui ne voit pas que c'était une farce que je voulais jouer à mon mari ? Je me sens de belle humeur et toute réjouie aujourd'hui. Ma petite Marton, il faut donner ce soir double ration à ces braves animaux. »

Et le fabliau ajoute naïvement que, en effet, cette nuit-là, la ration fut doublée.

Brantôme parle d'un curieux procès qui fut porté devant François Ier, et où une femme (chose extraordinaire) se plaignait de ce que son époux abusait trop souvent des droits que l'hymen lui donnait ; le roi fut forcé de limiter à un certain chiffre le nombre des complaisances de la dame. Toute grave et sérieuse que soit cette chose, elle a fourni matière à bien des plaisanteries, à bien des anecdotes, et il n'est presque pas de conteur, d'écrivain humoristique qui n'y ait trouvé le sujet de créations originales.

Voici encore à ce sujet une anecdote assez jolie et en même temps des plus vraisemblables.

« Le soir de ses noces, un nouveau marié fit à sa femme un long et moral discours, dans le genre de celui de l'Arnolphe de l'*Ecole des Femmes*. Il lui dit que le mariage était chose sérieuse, et non œuvre de plaisir et de volupté ; que, quant à lui, il connaissait ses obligations, et qu'il lui rendrait le devoir conjugal tous les quinze jours, comme tout bon mari doit le faire. Le lendemain, notre époux était paisiblement couché dans sa chambre, jouissant d'une solitude et d'une tranquillité qu'il croyait avoir conquise par son adresse et son habileté, quand il entend frapper à sa porte. « — Qui est là ? s'écrie-t-il, se levant en « sursaut. — Moi, répond une voix douce. — Qui, « vous ? — Votre femme. — Que voulez-vous ? « — Voilà...... pourriez-vous m'avancer une « quinzaine ? »

On s'est plusieurs fois enquis de l'exacte signification de l'expression *devoir conjugal*, et de savoir auquel des deux époux il s'appliquait ; à cela nous répondrons par cette autre historiette :

« Le jour où Madame de Sévigné maria sa fille à M. de Grignan, elle considérait, étalés devant elle, les 50.000 écus qu'elle allait lui donner en

dot : « Comment se disait-elle, il faut que je
« donne 50.000 écus à M. de Grignan pour qu'il
« couche ce soir avec ma fille ?..... Il est vrai
« qu'il y couchera demain, et puis après-demain,
« et dans dix ans, et dans vingt ans !... décidé-
« ment, ce n'est pas trop payé ! »

LA LUNE DE MIEL. — Ce que nos pères ont eu
l'originale idée d'appeler la *lune de miel*, est
le temps pendant lequel les nouveaux époux se
laissent aller à toutes les ivresses de l'amour, au
début du mariage. Cela dure quelquefois six mois,
souvent trois et rarement douze. On finit par se
lasser de tout et il est fort difficile de maintenir les
aspirations amoureuses toujours au même diapason.
Du jour où le diapason baisse, l'harmonie est inter-
rompue et la lune de miel s'éclipse. Lorsque la lune
de miel a opéré sa révolution, le ménage n'est pas
pour cela en discorde ; la meilleure intelligence
peut nonobstant y régner. Mais toute la vigueur et
l'intrépidité, toute la force, tout l'infini qu'on dépense
dans cette douce et bienheureuse période n'existent
plus au même degré après l'éclipse. La raison a
fait place à la poësie ; le positif a mâté l'idéal.
L'amour n'est plus infini, aveugle, tout à la passion
et à l'immensité de l'amour ; il s'est réveillé de son
doux rêve, il modère ses élans, il se contient et
mesure la dose de ce qu'il dépense. La lune de
miel commence le premier jour de la vie à deux, et
dure tout le temps pendant lequel la femme est

encouragée par l'espérance du bonheur, par le sentiment encore neuf de ses devoirs d'épouse, par le désir de plaire, par la vertu si persuasive au moment où elle montre l'amour d'accord avec le devoir ; — en ménage, l'instant où deux cœurs peuvent s'entendre est bien rapide et ne revient plus quand il a fui : là est le terme de la lune de miel.

LA LUNE ROUSSE. — Comme nous l'avons exprimé tout à l'heure, cette lune-ci n'est pas la conséquence inéluctable de cette lune-là. Un ménage, à quelques rares exceptions près, a toujours le bonheur de voir à son aurore briller la lune de miel, quelque courte que soit sa révolution ; la lune rousse n'assombrit pas toujours l'horizon des hyménées.

La lune rousse est un état de discorde ; et, quand la lune de miel disparaît du ciel matrimonial, il ne s'ensuit pas que la lune rousse doive obligatoirement lui succéder.

La lune rousse est la résultante de l'incompatibilité d'humeurs entre les conjoints. Cette imperfection de l'humanité se révèle comme les maladies: à l'état chronique ou intermittent, avec cette différence qu'il n'existe pas de traitement soit pour la conjurer soit pour la combattre. C'est au rang des vicissitudes incurables de notre humaine espèce.

CATÉCHISME CONJUGAL.— Balzac, dont l'autorité a été visée par la postérité et auquel nous

nous plaisons à emprunter de sa science, a laissé,
dans un livre universellement apprécié, sous la déno-
mination de *catéchisme conjugal*, un recueil de
pensées et de maximes qui trouvent leur place naturelle ici et dont nous ne voudrons point priver
nos lecteurs. Maris, chaque soir en mettant votre
bonnet de coton, méditez ces enseignements :

I. — Le mariage est une science.

II. — Un homme ne peut pas se marier sans
avoir étudié l'anatomie et disséqué une femme
au moins.

III. — Le sort d'un ménage dépend de la première nuit.

IV. — La femme privée de son libre arbitre ne
peut jamais avoir le mérite de faire un sacrifice.

V. — En amour, toute âme mise à part, la
femme est comme une lyre qui ne livre ses secrets
qu'à celui qui en sait bien jouer.

VI. — Indépendamment d'un mouvement répul-
sif, il existe dans l'âme de toutes les femmes un
sentiment qui tend à proscrire tôt ou tard les plaisirs
dénués de passion.

VII. — L'intérêt d'un mari lui prescrit au moins
autant que l'honneur de ne jamais se permettre un
plaisir qu'il n'ait eu le talent de faire désirer par
sa femme.

VIII. — Le plaisir étant causé par l'alliance des
sensations et d'un sentiment, on peut hardiment

prétendre que les plaisirs sont des espèces d'idées matérielles.

IX. — Les idées se combinent à l'infini, il doit en être de même des plaisirs.

X. — Il ne se rencontre pas plus dans la vie de l'homme deux moments de plaisir semblables, qu'il n'y a deux feuilles exactement pareilles sur un même arbre.

XI. — S'il existe des différences entre un moment de plaisir et un autre, un homme peut toujours être heureux avec la même femme.

XII. — Saisir habilement les nuances du plaisir, les développer, leur donner un style nouveau, une expression originale, constitue le génie d'un mari.

XIII. — Entre deux êtres qui ne s'aiment pas, ce génie est du libertinage ; mais les caresses auxquelles l'amour préside ne sont jamais lascives.

XIV. — La femme mariée la plus chaste peut être aussi la plus voluptueuse.

XV. — La femme la plus vertueuse peut être indécente à son insu.

XVI. — Quand deux êtres sont unis par le plaisir, toutes les conventions sociales dorment. Cette situation cache un écueil sur lequel se sont brisées bien des embarcations. Un mari est perdu s'il oublie une seule fois qu'il existe une pudeur indépendante des voiles. L'amour conjugal ne doit jamais mettre ni ôter son bandeau qu'à propos.

XVII. — La puissance ne consiste pas à frapper fort et souvent, mais à frapper juste.

XVIII. — Faire naître un désir, le nourrir, le développer, le grandir, l'irriter, le satisfaire, c'est un poëme tout entier.

XIX. — L'ordre des plaisirs est du distique au quatrain, du quatrain au sonnet, du sonnet à la ballade, de la ballade à l'ode, de l'ode à la cantate, de la cantate au dithyrambe. Le mari qui commence par le dithyrambe est un sot.

XX. — Chaque nuit doit avoir son menu.

XXI. — Le mariage doit incessamment combattre un monstre qui dévore tout : l'habitude.

XXII. — Si un homme ne sait pas distinguer la différence de deux nuits consécutives, il s'est marié trop tôt.

XXIII. — Il est plus facile d'être amant que mari, par la raison qu'il est plus difficile d'avoir de l'esprit tous les jours que de dire de jolies choses de temps en temps.

XXIV. — Un mari ne doit jamais s'endormir le premier ni se réveiller le dernier.

XXV. — Le mari qui ne laisse rien à désirer est un homme perdu.

XXVI. — Le lit est tout le mariage.

MÉDITATION IV

—

DE LA FEMME.

L'objet de l'amour, c'est la Femme. La femme n'a pas d'autre inclination, d'autre aptitude que l'amour. Elle n'a été créée que pour la génération dont l'amour est la loi primordiale.

Nous ne saurions produire une meilleure apologie de l'objet de nos amours que celle de Michelet, le chantre poétique qui a idéalisé cette divine créature dans deux livres immortels : *L'Amour* et la *Femme*. Aussi lui laissons-nous la parole.

« La femme est un être fort à part, bien plus différente de l'homme qu'il ne semble au premier coup d'œil; plus que différente, opposée, mais gracieuse-

ment opposée dans un doux combat harmonique qui
fait le charme du monde.

« A elle seule et en elle-même, elle offre une
autre opposition, une lutte de qualités contraires.
Elevée par sa beauté, sa poésie, sa vive intuition,
sa divination, elle n'en est pas moins tenue par la
nature dans un servage de faiblesse et de souffrance.
Elle prend l'essor chaque mois, notre pauvre chère
sibylle, et, chaque mois, la nature l'avertit par la
douleur, et par une crise pénible la remet aux
mains de l'amour.

« Elle ne fait rien comme nous. Elle pense, parle,
agit autrement. Ses goûts diffèrent de nos goûts.
Son sang n'a pas le cours du nôtre ; par moments,
il se précipite, comme une averse d'orage. Elle ne
respire pas comme nous. En prévision de la gros-
sesse et de la future ascension des organes infé-
rieurs, la nature a voulu qu'elle respirât surtout
par les quatre côtes d'en haut. De cette nécessité
résulte la plus grande beauté de la femme, la douce
ondulation du sein, qui exprime tous ses sentiments dans une éloquence muette.

« Elle ne mange pas comme nous, ni autant, ni les
mêmes mets. Pourquoi ? Surtout par la raison qu'elle
ne digère pas comme nous. Sa digestion est troublée
à chaque instant par une chose : elle aime du fond
des entrailles. La profonde coupe d'amour (qu'on
appelle le bassin) est une mer d'émotions variables
qui contrarient la régularité des fonctions nutritives.

« Ces différences intérieures se produisent au dehors par une autre plus frappante. La femme a un langage à part.

« Les insectes et les poissons restent muets. L'oiseau chante ; il voudrait articuler. L'homme a la langue distincte, la parole nette et lumineuse, la clarté du verbe. Mais la femme, au-dessus du verbe de l'homme et du chant de l'oiseau, a une langue toute magique dont elle entrecoupe ce verbe ou ce chant : le soupir, le souffle passionné.

« Incalculable puissance. A peine elle se fait sentir et le cœur en est ému. Son sein monte, descend, remonte ; elle ne peut pas parler, et nous sommes convaincus d'avance, gagnés à tout ce qu'elle veut. Quelle harangue d'homme agira comme le silence de la femme ? »

SUPÉRIORITÉ DE LA FEMME SUR L'HOMME EN AMOUR. — Cette affirmation n'est point paradoxale et n'a nullement besoin de démonstration. La femme est naturellement supérieure à l'homme par le fait même qu'elle est l'objet de l'amour et qu'elle est créée pour l'amour. Elle l'est aussi par sa constitution, par sa délicatesse, par son esprit, par son impressionnabilité ; elle l'est encore par la sensualité, par sa prodigalité et par sa constance ; elle l'est surtout par son âme.

La femme est tout amour, entière, absolue ; l'homme est restrictif. La femme aime ; l'homme jouit.

LA BEAUTÉ CHEZ LA FEMME. — « Les femmes
n'ont qu'à se souvenir de leur origine, et sans trop
vanter leur délicatesse, songer après tout qu'elles
viennent d'un os surnuméraire où il n'y avait de
beauté que celle de Dieu voulut y mettre. » — Bien
qu'elle émane de Bossuet, nous avouons que cette
manière de voir nous trouve en complète opposition avec son illustre auteur. Nous nous rangerons
plutôt de l'avis d'Aristénète qui disait de la femme
qu'il aimait : « Quand elle est habillée, elle est
belle; quand elle est nue, c'est la *beauté* même. »
C'est dans ce dernier costume que nous voulons en
juger.

Bien que la beauté tire la plus grande partie de
sa force de ce qu'y met l'imagination de ceux qui la
contemplent, cependant on ne peut pas dire que
l'homme le plus fasciné par la beauté d'une femme
nie d'une manière absolue la beauté de celles qui
inspirent d'autres passions égales à la sienne ; il la
reconnaît, au contraire, et il sait bien que jamais
la laideur n'a pu enflammer l'amour. Ainsi, la seule
différence entre son propre jugement et celui des
autres hommes consiste dans le degré, et non dans
l'essence de la beauté. Il en résulte que la beauté
de la femme peut être décrite dans une certaine
mesure, et que tous les hommes peuvent tomber
d'accord sur quelques-uns de ses caractères.

Une peau blanche, fine, lisse sous, laquelle il
semble qu'on voit circuler la vie ; des contours

souples et arrondis, sans aucun de ces angles aigus
et tranchants qui constituent la maigreur, mais aussi
sans que l'œil soit blessé par aucune apparence
massive et lourde ; une chair ferme sans dureté ;
çà et là des couleurs tendres et fraîches qui éveillent
l'idée d'une fleur ou d'un fruit, et nulle part ces
tons verdâtres ou ternes qui rappellent les feuilles,
les écorces, les rochers, la terre ; des yeux transparents qui laissent lire dans les profondeurs du
regard quelque chose de doux et de passionné ;
des formes qui rappellent celles de l'enfance dans un
être arrivé à son complet développement ; des lignes
courbes onduleuses, substituées à la ligne droite,
partout où il y a passage d'un plan à un autre :
tels sont les principaux traits communs à toutes
les femmes dont la vue seule est un plaisir pour
l'homme et auxquels il rattache l'idée de beauté.

Les qualités principales de la beauté féminine
ont d'ailleurs été condensées en formule et se résu-
ment dans les trente points suivants :

La jeunesse.

Taille ni trop grande ni trop petite.

N'être ni trop grasse ni trop maigre.

La symétrie et la proportion de toutes les parties.

De beaux cheveux longs et déliés.

La peau délicate et polie.

Blancheur vive et vermeille.

Un front uni.

Les tempes non enfoncées.

Des sourcils comme deux lignes.

L'œil bleu, à fleur de tête ; et le regard doux.

Le nez un peu long.

Des joues un peu arrondies, avec une petite fossette.

Le rire gracieux.

Deux lèvres de corail.

Une petite bouche.

Dents blanches et bien rangées.

Le menton un peu rond et charnu, avec une fossette au bout.

Les oreilles petites, vermeilles et bien jointes à la tête.

Un cou d'ivoire.

Un sein d'albâtre.

Deux boules de neige.

Une main blanche, longue et potelée.

Les doigts terminés en pyramides.

Des ongles de nacre, de perle, tournés en ovale.

L'haleine douce.

La voix agréable.

Le geste libre et sans affectation.

Le corsage délié.

La démarche modeste.

On dit qu'Hélène réunissait ces trente points. Franciscus Corniger les a mis en dix-huit vers latins ; en voici la traduction, que rapporte un vieux livre français intitulé : *De la louange et beauté des Dames.*

Trois choses blanches : la peau les dents et les mains.

Trois noires : les yeux, les sourcils et les paupières.

Trois rouges : les lèvres, les joues et les ongles.

Trois longues : le corps, les cheveux et les mains.

Trois courtes : les dents, les oreilles et les pieds.

Trois larges : la poitrine, le front et l'entre-sourcil.

Trois estroites : la bouche, la ceinture ou la taille et l'entrée du pied.

Trois grosses : le bras, la cuisse, et le gros de la jambe.

Trois déliées : les doigts, les cheveux et les lèvres.

Trois petites : les seins, le nez et la teste.

Pourquoi toutes ces choses paraissent-elles constituer la beauté de la femme, ou, en d'autres termes, pourquoi plaisent-elles toujours à l'homme ? Est-ce parce qu'elle sont réellement belles en elles-mêmes ? Nous ne le croyons pas ; car, si nous étions femme, et s'il nous fallait décrire les caractères de la beauté masculine, nous serions amené forcément à donner de cette beauté une peinture essentiellement différente. Les femmes les plus belles sont, en réalité, les plus désirables pour l'homme, au point de vue du plaisir ; tel est du moins le caractère purement naturel de la beauté.

Mais l'homme sociable, n'est pas l'homme de la nature purement matérielle ; il s'est fait une autre nature moins grossière ; il a reconnu son âme, qui a d'autres besoins, d'autres tendances que son corps ; il conçoit une beauté morale, qu'il met bien au-dessus de la beauté physique, et, dans la femme qu'il veut aimer, il cherche d'autres qualités que celles auxquelles se rattachent les plaisirs des sens. A Dieu ne plaise que nous le contestions. Mais nous n'avons voulu parler, dans cette division, que de ce que tout le monde entend par la beauté des femmes, en conservant au mot beauté sa signification première, celle qu'il offre toujours quand il est employé seul devant le complément *femmes* ; la beauté morale, la beauté de l'âme ne doit pas être traitée ici, puisque tout le monde sait qu'elle est très compatible avec la laideur physique, dont nous avons voulu peindre le contraire.

Nous ne pouvons faire autrement que de compléter cet exposé par l'axiôme de la belle Ninon : « La beauté sans grâce est un hameçon sans appât.»

ATTRAIT DE LA BEAUTÉ. — L'appétit du sexe, dans son développement, se trouve ordinairement lié à l'impression particulière que produit sur nous la beauté ; mais il est juste de dire qu'à côté de ce sentiment très-matériel il en existe un autre, moral par excellence celui-là, qui est le respect que fait naître également en nous l'admiration inspirée par la beauté.

Pascal se plaît à ignorer la part de l'appétit sexuel dans l'amour et il veut que l'attrait de la beauté soit le point de départ et l'unique principe

de l'amour. Si l'homme aime la femme, c'est parce
qu'elle est à ses yeux le type de la beauté. « Nous
naissons, dit-il, avec un caractère d'amour dans
nos cœurs, qui se développe à mesure que l'esprit se
perfectionne et qui nous porte à aimer ce qui nous
paraît beau, sans que l'on ne nous ait jamais dit
ce que c'est. L'homme n'aime pas à demeurer avec
soi ; cependant il aime ; il faut donc qu'il cherche
ailleurs de quoi aimer: il ne peut le trouver que dans
la beauté.....

« Quoique l'idée générale de la beauté soit gravée
dans le fond de nos âmes avec des caractères ineffa-
çables, elle ne laisse pas de recevoir de très-
grandes différences dans l'application particulière,
mais c'est seulement pour la manière d'envisager
ce qui plaît. Car l'on ne souhaite pas nûment une
beauté, mais l'on y désire mille circonstances qui
dépendent de la disposition où l'on se trouve, et
c'est dans ce sens que l'on peut dire que chacun a
en soi l'original de sa beauté, dont il cherche la
copie au dehors ».

La théorie de Pascal nous paraît quelque peu
entachée d'exclusivisme relativement à l'influence
qu'exerce la beauté sur les sens; l'expérience nous
force à reconnaître qu'en outre du sentiment moral
produit par l'attrait de la beauté, la chair ne
demeure nullement insensible aux charmes et aux
séductions de la grâce, et nous devons même
reconnaître en bonne sincérité que la vertu maté-

rielle est plus puissante que celle de l'esprit.
L'explication en est bien simple : nos sens sont les
premiers frappés et les premiers touchés par la
révélation de la beauté ; et l'impression intime qui
inspire au cœur l'admiration et le respect n'est
que la conséquence des sensations extérieures.

Anecdote. — Il nous revient à la mémoire une
anecdote, qui a assurément sa place marquée ici,
au titre de phénomène physiologique. C'est pourquoi nous en ferons le récit, ou plutôt la confidence
à nos lecteurs. La chose est d'autant plus piquante
qu'elle n'est connue que des intéressés, bien entendu,
et d'une dizaine d'intimes auxquels l'héroïne a eu
l'indiscrétion d'en confier les détails.

L'aventure galante et suivante est advenue à
un académicien, — pour être académicien on n'en
est pas moins homme ! — et à une de nos plus
charmantes actrices qui, en vraie fille d'Eve, porte
pour devise : « *Acta non verba* ». Pour ne
compromettre personne, usons de l'initiale : il s'agit
de la vie privée ! Nous désignerons donc l'académicien par la lettre X... et la belle séductrice par
la lettre Z... Et maintenant, lecteur, cherche si
tu veux et devine si tu peux. Passons au sujet.

M. X... fort épris des charmes, que je recon-
nais irrésistibles, de Mlle Z... avait le plus ardent
désir de *faire sa connaissance*. Il fit l'aveu de
sa flamme à un critique de ses amis et lui demanda
conseil, moyen ou stratagème pour avoir la facult

d'exprimer à l'objet de son culte, quoique en style académique, les sentiments que sa vue avait faits naître dans son cœur...

Bref, un rendez-vous, sous la forme d'un dîner, est pris. Au jour dit, l'artiste et l'académicien se rendent chez le complaisant amphytrion. Présentations, compliments, etc. On dîne ; conversation animée, joyeuse, pétillante : Mlle Z... est femme lettrée et d'esprit ; le feuilletoniste, est savant comme une bibliothèque tout entière ; l'académicien, malgré sa qualité, passait dans le monde pour être le plus spirituel de nos Quarante.

Huit heures sonnent, le critique s'excuse d'être obligé d'assister à une *première* et laisse ses deux invités entre la bombe glacée et une bouteille d'un certain crû de Bourgogne dont Brillat-Savarin dit le plus grand bien. Au bout de quelques moments de tête-à-tête et d'expansion, M. X... propose une distraction pour la soirée ; Mlle Z... adopte le théâtre. On va aux Français, on en revient ; M. X... reconduit, comme il convient, Mlle Z... jusqu'à sa porte. Arrivés-là, celle-ci l'invite à monter un instant pour se reposer ; celui-là accepte, congédie son cocher et arrive à l'entresol dans un ravissant boudoir, avec alcôve. Il était minuit passé. On s'assied sur un canapé des plus moëlleux ; la conversation plus intéressante que jamais continue: on traitait de l'amour.... en général. Le sujet était aussi vaste et aussi élevé que captivant et poëtique

à l'heure qu'il était. Cependant une heure sonne.
Engager à se retirer quelqu'un que l'on désire
voir demeurer est certes délicat et périlleux!

— Permettez-moi de me débarrasser de tous
ces attifets dit la coquette Z..., en ôtant son cha-
peau et ce qui recouvrait ses épaules.

— Faites comme chez vous, répondit X...., en
essayant d'être spirituel.

Et l'on causait toujours... sur l'amour en général.

Pendant ce temps-là, l'ingénieuse Z... tout en
suivant la conversation pleine d'attrait en y prenant
part, vaquait à ces petits détails préliminaires de la
toilette nocturne qui rendent une femme mille fois
plus séduisante, mille fois plus irrésistible, et finit
par trouver le moyen de ne plus être parée que
d'un modeste mais voluptueux peignoir. X..., devant
ce déshabillé plein de charmes, préférant passer
pour un audacieux galant plutôt que pour un sot,
et croyant d'ailleurs à une invitation muette mais
significative, se lève et en un clin d'œil est déshabillé et a pris possession de l'autel où Vénus a
l'habitude de sacrifier à l'Amour. La Vénus du lieu
ne s'offensa pas ; elle continua la série minutieuse
des soins de la toilette de nuit ; elle déroula une
abondante chevelure, au service de laquelle sa
main passa un quart d'heure encore. Il se faisait
deux heures.

Mais notre Céladon, fatigué peut-être par la
tension d'esprit qu'il déployait depuis plusieurs

heures sur un sujet aussi profond que l'était celui de leur entretien, peut-être aussi quelque peu alourdi par les fumées des vins généreux du dîner, ne faisait plus que balbutier sur l'amour en général ; bientôt il ne prononçait plus que des fragments de périodes, il ne murmurait plus que des paroles incohérentes. Le sommeil l'emportait, il finit par s'assoupir.

Sur ces entrefaites, Z..., toute belle pour la nuit et resplendissante des jolies choses dont la nature l'avait dotée, s'approcha doucement de l'alcôve, regarda tendrement son partenaire et à sa stupéfaction s'aperçut que l'Amour dormait. En cet instant, le malheureux X... ronflait !.... Force est à la belle d'en prendre son parti.

Le lendemain matin, quand le jour apparut, X... consulta sa montre qu'il avait eu le soin de poser la veille sur le meuble indispensable qui a sa place près de la tête du lit.

— Huit heures ! s'exclama-t-il.

Et il se leva précipitamment, s'excusant de ne pouvoir rester davantage et alléguant que l'Institut réclamait sa présence pour neuf heures précises. Pendant qu'il procédait aux derniers détails de sa toilette, Z..., dans une attitude charmante, pleine de désirs et de regrets à la fois, considérait son.... camarade de lit ;

.... la belle était couchée,

La tête sur sa main, nonchalamment penchée.

M. X... venait de remettre sa montre dans son gousset, après en avoir consulté de nouveau les aiguilles. Il s'excuse de rechef ; serre la main à sa.... camarade de lit, en lui disant : au revoir. Il va pour tourner le bouton de la porte ; la belle Z... l'arrête :

— Vous n'oubliez rien, M. X... ?

Par un mouvement instinctif, X... tâte toutes ses poches.

— Non, répond-il avec assurance.

— En êtes-vous bien sûr ?

— Oui, oui, affirme-t-il, en renouvelant la pantomime précédente. Et il se disposait à ouvrir la porte.

— Je vous assure que vous oubliez quelquechose....

Et, ce disant, elle le regardait avec une expression d'yeux indéfinissable, où se lisait en toutes lettres la devise de la belle : « *Acta non verba* ».

Un éclair traversa l'esprit.... et la mémoire de notre académicien.

. . . .
. . . .

La chronique, des intimes bien entendu, donna le dernier mot de cette aventure, que notre pudeur nous fait un devoir de laisser deviner au lecteur.

Toutefois, pouvons-nous dire, ce jour-là, constate le procès-verbal, M. X... n'assista pas à la séance de l'Académie.

Comme nous le disions au commencement de ce récit, nous n'avons voulu, ni su assigner aucune place, dans les divisions de cette Méditation, à cet exemple d'amour certainement physiologique, mais qui nous paraît rentrer absolument dans le domaine des exceptions et des phénomènes. Est-ce effet de la distraction, d'un manque de mémoire, de l'indifférence ? est-ce le résultat d'un épuisement cérébral occasionné par une dépense excessive de forces intellectuelles ? est-ce la métamorphose de l'amour physique faisant subitement place à l'amour spiritualiste, que le fait de cet amoureux si enthousiaste, si plein de désirs, si ardent, qui, au moment solennel, semblable au Singe de la Fable, oublie un point, le capital, celui d'allumer sa lanterne et qui ne répare son erreur que parce qu'on le lui en fait rappeler. Nous en livrons la solution au lecteur.

LA PUDEUR CHEZ LA FEMME.— Les uns prétendent que la pudeur n'est chez la femme qu'une coquetterie bien entendue. D'autres qu'elle n'est que le sentiment de la libre disposition du corps, comme on pourrait le penser en songeant que la moitié des femmes de la terre vont presque nues. Rousseau fait dériver la pudeur des coquetteries nécessaires que toutes les femelles déploient pour le mâle. Cette opinion nous semble, comme les précédentes, une véritable hérésie.

Ce n'est pas par les relations des êtres entre eux, comme l'a démontré Rousseau, qu'il faut expliquer

la pudeur, mais par les relations morales de l'être
avec lui-même. Et, comme l'explique Balzac, nous
croyons que la pudeur n'est pas plus susceptible
que la conscience d'être analysée ; et ce sera peut-
être l'avoir fait comprendre instinctivement que de la
nommer « la conscience du corps » : car l'une dirige
vers le bien nos sentiments et les moindres actes de
notre pensée, comme l'autre préside aux mouvements extérieurs. Les actions qui, en froissant nos
intérêts, désobéissent aux lois de la conscience,
nous blessent plus fortement que tous les autres ;
et, répétées, elles font naître la haine. Il en est
de même des actes contraires à la pudeur relativement à l'amour, qui n'est que l'expression de toute
notre sensibilité. Si une extrême pudeur est une
des conditions de la vitalité de l'amour, il est évident que l'impudeur le dissoudra. Mais ce principe,
qui demande de longues déductions au physiologiste, la femme l'applique la plupart du temps
machinalement; car la société, qui a tout exagéré
au profit de l'homme extérieur, développe dès
l'enfance, chez les femmes, ce sentiment autour
duquel se groupent presque tous les autres. Aussi,
du moment où ce voile immense qui désarme le
moindre geste de sa brutalité naturelle vient à tomber, l'objet de l'amour : la femme, disparaît-elle.
Ame, cœur, esprit, amour, grâce, tout est en ruine.
Dans la situation où brille la virginale candeur
d'une fille d'Otaïti, l'Européenne devient horrible

La pudeur chez la femme est native et instinctive. On doit dire aussi, pour être juste, que cette vertu subit certainement les conventions des goûts et des modes des divers siècles. Il est évident, par exemple, que ce qui n'eut pas blessé la pudeur il y a quelques cents ans pourrait l'outrager gravement de nos jours. Ainsi, notamment, la façon dont les femmes découvraient leur sein sous Charles IX, Henri III, François Ier, et Louis XIV ne serait assurément pas admise aujourd'hui, où cependant on les découvre aussi, dans le monde, mais d'une autre manière et peut-être avec moins de parcimonie. C'est ce qui nous fait dire que la pudeur est relative aux us et coutumes des temps dans lesquels on vit.

En amour, la pudeur paraît peut-être peu scrupuleuse à certains esprits superficiels ; il est clair qu'il y a des libertés permises et des faveurs appréciables entre deux amants, mais nier l'existence de la pudeur, parce qu'elle peut disparaître au milieu d'une exaltation fébrile où presque tous les sentiments humains sont annihilés, ce serait vouloir nier que la vie a lieu parce que la mort arrive. Et remarquez que c'est toujours l'homme qui en provoque l'oubli.

La pudeur est innée chez la femme et c'est cela même qui inspire et nourrit l'amour, c'est la pudeur qui en augmente le prix en augmentant nos désirs et l'attrait naturel que tout être humain éprouve pour l'inconnu qui n'est pas impossible à connaître. Le désir sans cesse renouvelé, sans cesse attisé est le feu qui entretient l'amour et la pudeur est la raison de l'amour.

ANECDOTE. — Nous avons dit que la pudeur était instinctive chez la femme. Voici, comme preuve à l'appui, une anecdote quelque peu nature, mais parfaitement historique, qui ajoute à la démonstration l'attrait d'un incident comique. L'aventure, que le héros se plaisait à raconter, advint au peintre Saal, dans un voyage en Laponie.

Il paraît qu'en Laponie, pendant quelques jours seulement, il fait une chaleur relativement lourde et qui accable les habitants peu habitués aux fureurs caniculaires. Ils ont alors la coutume de clore hermétiquement leurs maisons et d'y demeurer étendus sur des nattes, dans le costume de la plus parfaite innocence.

Saal, son sac et son chevalet sur le dos, s'étant perdu dans un lieu peu fréquenté, s'en vint frapper à la porte d'une cabane par un de ces jours-là. On ne lui répondit pas, mais une fente indiscrète lui révéla l'existence d'un ménage lapon dans le costume que j'ai dit, et qui faisait obstinément la sourde oreille.

Il redoubla ses coups de poing dans l'huis et insista de façon à se rendre intolérable.

Il y allait de la solidité de la porte. Il vit alors le ménage tenir conseil et le mari intimer l'ordre

à sa femme de se lever pour aller constater la cause
de ce vacarme. Celle-ci le fit en rechignant, et, ne
trouvant aucun vêtement à sa portée, prit sur la
table une assiette, puis s'avança vers la porte, en
tenant ladite assiette comme nos premiers parents
la feuille de vigne légendaire.

— Que voulez-vous ? demanda-t-elle d'un ton
peu engageant.

— Un abri pour la nuit et un peu de nourriture,
répondit Saal modestement.

— Je vais demander à mon mari.

Et la pudique dame qui soupçonnait les fentes de
la porte, eut soin, en se retournant, de changer
aussi l'assiette de côté, la transformant en crinoline,
de feuille de vigne qu'elle était auparavant.

Le couple cause à voix basse, le peintre l'obser-
vant toujours et l'assiette n'ayant pas changé de
place.

— Nous ne pouvons vous loger, dit enfin la
femme, mais voici quelque chose à manger.

Et elle lui présenta, en entr'ouvrant la porte, un
peu de bœuf salé... toujours sur la même assiette.

ATTRAIT DE LA PUDEUR. — La pudeur, « la
première des grâces », comme on l'a nommée,
est un puissant charme ; c'est un moyen naturel
de coquetterie pour toute femme : elle rehausse
par la difficulté le prix de la beauté ou des délices,
et l'amant dont parle l'auteur du quatrain suivant
en fait foi :

Pourquoi belle Aglaé, nous faire apercevoir
Ce sein éblouissant où le regard s'attache ?
On aime le fichu qui le laisse entrevoir ;
Mais on aime encore plus la pudeur qui le cache.

Elles savent si bien, ces beautés naïves ou savantes, le piquant attrait de la pudeur sur nous, qu'elles en font leur arme provocatrice la plus terrible...... et la plus aimable.

LA COQUETTERIE. — « L'amour physique est un besoin semblable à la faim, à cela près que l'homme mange toujours, et qu'en amour son appétit n'est pas aussi soutenu ni aussi régulier qu'en fait de table.

« Un morceau de pain bis et une cruche d'eau font raison de la faim de tous les hommes ; mais notre civilisation a créé la gastronomie.

« L'amour a son morceau de pain, mais il a aussi cet art d'aimer, que nous appelons la coquetterie, mot charmant qui n'existe qu'en France, où cette science est née. » — *Balzac.*

Tout le monde sait que la femme a reçu de la nature même un goût très-vif pour tout ce qui brille, pour tout ce qui peut la parer et rehausser sa beauté. Ce goût, en lui-même, semble parfaitement légitime. Tout, chez elle, lui fait une nécessité de la parure, non seulement sa constitution physique, mais encore sa destination sociale qu'elle ne peut accomplir que par l'attrait qu'elle inspire. C'est dans cet attrait que gît toute sa force,

et elle le sait. De là pour elle la nécessité de
plaire, plaire toujours, et, par conséquent, de se
parer; car, « c'est par les yeux que l'amour pénètre
dans l'âme, » dit Euripide. Aussi tout ce qui peut
servir à la parure exerce sur elle une attraction
à laquelle elle résiste difficilement, et éveille toutes
ses convoitises. Les plus sages, les plus pures n'y
échappent pas :

MARGUERITE

... A peine mes genoux
Peuvent-ils me porter ! Je viens, le croiriez-vous ?
D'en trouver encore une, encore une cassette
D'ébène, magnifique et pleine de bijoux
Plus beaux que les premiers. J'en vais perdre la tête,
Regardez, admirez !

MARTHE, *lui ajustant sa parure*
Heureuse créature !

MARGUERITE

Quel dommage, pourtant, de ne pouvoir, hélas !
Se montrer dans la rue avec, ou dans l'église.

(Faust).

La vertu la plus précieuse de la femme, ici-bas,
est la coquetterie. Cette opinion est celle de nos
plus grandes dames d'aujourd'hui, de celles qui
donnent le ton, et l'on ne saurait moins faire que
de les en féliciter ; c'est une preuve de tact et
de jugement. Elles montrent, par là, qu'elles sont
profondément versées dans les mystères des causes
finales. Que ferait, en effet, la femme, sur cette

terre, si elle n'était pas coquette ? Elle s'ennuie-
rait ; et l'on sait que l'ennui est une monture qui
mène loin les femmes. Aussi faut-il conclure que
la coquetterie féminine joue au milieu de nous
un rôle providentiel.

La coquetterie appartient encore à l'économie
politique et sociale, dont elle est, à un autre point
de vue, une des branches importantes, et il faut
y attacher le même prix qu'à la question des sucres
ou du libre-échange. Mais nous n'avons point
mandat de traiter la question sous ce jour ici,
puisque notre plume n'est vouée qu'à ce qui touche
à l'amour.

MÉDITATION V

—

LE CORPS ET SES PARTIES

Un auteur téméraire publia en 1720, à Amsterdam, un volume intitulé : les *Tétons* ; il formait la troisième partie d'une série où figuraient déjà les *Yeux* et le *Nez*. Une annonce faite par le libraire, en 1721, informa le public que l'auteur se proposait de passer ainsi successivement en revue « toutes les parties du corps humain » ; projet scabreux, qu'il n'eût pas le temps d'effectuer ou dont les difficultés l'arrêtèrent, car n'avons pu trouver trace de la publication.

C'est peut-être témérité de notre part que d'oser entreprendre à notre tour un tel examen, quoique

superficiel ; mais notre excuse sera dans la justi-
fication de notre titre qui nous oblige à ne rien
négliger, même des accessoires de l'amour.

Toutefois, tout en entretenant le lecteur des
beautés et ses détails féminins, les plus ravissants
et les plus intimes, qu'il n'appréhende pas que nous
puissions le faire rougir. Nous sommes de l'avis
de Clément Marot, lorsqu'il dit :

> Arrière ! mots qui sonnent salement.
> Parlons aussi des membres seulement
> Que l'on peut voir, sans honte, descouverts,
> Et des honteux ne souillons point nos vers.
> Car, quel besoin est de mettre en lumière
> Ce qu'est nature à cacher coustumière ?...

BRUNE OU BLONDE. — Par la raison simple :
que tous les goûts sont dans la nature, les avis
sont partagés sur la question du teint, sur le
mérite supérieur des brunes ou des blondes. Mais
à quoi bon raisonner et disserter simplement sur
les couleurs, lorsqu'il y a tant d'autres attraits
plus solides chez les femmes ! Ce serait mal
employer son temps et abuser de la patience du
lecteur.

Nous trancherons la question en proclamant
que l'une et l'autre ont chacune leur mérite et leur
saveur.

Et nous prendrons pour arbitre autorisé un
chantre de l'Amour, encore Clément Marot, dont
l'opinion se trouve exprimée dans la pièce de vers

suivante, spécialement consacrée à célébrer les
charmes de l'une et l'autre beauté :

DE LA BRUNE

Pourtant si je suis brunette,
Amy, n'en prenez esmoy :
Autant suis ferme et jeunette,
Qu'une plus blanche que moy :
Le blanc effacer je voy.

Couleur noire est toujours une,
J'ayme donc mieux estre brune
Avecques ma fermeté,
Que blanche comme la lune
Tenant de légèreté.

POUR LA BLANCHE

Pourtant si le blanc s'efface,
Il n'est pas à despriser :
Comme luy le noir se passe,
Il a beau temporiser.

Je ne veux point mespriser,
Ne mesdire en ma revanche :
Mais j'ayme mieux estre blanche
Vingt ou trente ans ensuivant
En beauté nayve et franche,
Que noire tout mon vivant.

LA BOUCHE. — C'est la bouche qui traduit
le langage du cœur. C'est la bouche qui dit:
« Je t'aime.... »

Aussi de quel empire ne jouit pas une jolie bouche, petite et mignonne, entourée de ses deux petites lèvres roses, et laissant entrevoir dans un sourire trente-deux dents plus blanches que l'ivoire. L'attrait d'une jolie bouche est puissant: c'est la source de l'éloquence sentimentale et le rendez-vous du baiser d'amour.

> Bouche vermeille au doux sourire,
> Bouche au parler délicieux,
> Bouche qu'on ne saurait décrire,
> Bouche d'un tour si gracieux,
>
> Bouche que tout le monde admire,
> Bouche qui n'est que pour les dieux,
> Bouche qui dit ce qu'il faut dire,
> Bouche qui dit moins que les yeux,
>
> Bouche d'une si douce haleine,
> Bouche de perles toute pleine,
> Bouche, enfin, sans tant biaiser,
>
> Bouche la merveille des bouches,
> Bouche à donner de l'âme aux souches,
> Bouche, le dirai-je, à baiser.

BENSERADE

LES YEUX. — Les yeux sont les fenêtres de l'âme : ils reflètent toutes les sensations du cœur. Dans un regard de sa bien-aimée, on lit tout son amour. L'éloquence de la bouche n'est rien en comparaison de celle des yeux. La tendresse et la passion s'y révèlent et ce sont eux qui, chez la femme, appellent avant tout notre attention et font quand ils sont beaux notre plus grande admiration.

> L'amour est un enfant aussi vieux que le monde,
> Il est le plus petit et le plus grand des dieux,
> Il remplit de ses feux le ciel, la terre et l'onde,
> Et cependant Eglé le loge dans ses yeux.
>
> PANARD

LE NEZ. — Le nez ne jouit point d'une beauté personnelle, mais il jouit d'un charme appréciable quand il est petit et bien fait. C'est un accessoire qui orne la figure.

LES FOSSETTES. — Ce léger enfoncement qu'on appelle « fossettes » est un agrément qui se joint aux grâces dont le sourire est ordinairement accompagné. — Un vrai nid à baisers !

LE MAQUILLAGE. — Nous nous permettrons ici une légère digression au sujet de cette médi-tation pour parler du maquillage qui joue de nos jours un rôle important dans le physique des femmes.

Le maquillage est cette partie de l'hygiène qui a pour but de mettre en relief les beautés du corps, ses agréments, de le parer, de l'orner. Il veut aussi, but difficile à atteindre, combattre la laideur, corriger les imperfections, les défauts, dissimuler même les infirmités.

Le maquillage remonte à la plus haute antiquité.

6

« Les femmes, dit le bibliophile Jacob, dans un
petit livre à la fois très-curieux et charmant, les
femmes, à quelque époque, à quelque nation
qu'elles appartiennent, ayant dans leur vie un but
essentiel : celui de plaire, ont évidemment adopté
les mille moyens, les mille secrets qu'on leur a
proposés pour étendre ou conserver leur empire.
Bien loin de s'estimer heureuses des dons variés
que leur a prodigués le ciel avec une profusion
si remarquable, elles se sont imposé, comme étude
essentielle, comme affaire principale, non seulement de cultiver, mais encore d'accroître, et, autant
que possible, perpétuer leurs charmes. »

Nous ne nous occupons naturellement pas de
celles qui n'usent du maquillage que pour justifier
le vers célèbre de Racine :

Pour réparer des ans l'irréparable outrage.

Mais nous reconnaissons que ce genre de fraude
sied à certaines quand elles savent jeter sur leur
visage un nuage transparent qui donne à leur épi-
derme rose un éclat impossible à décrire, le teint
des pastels de la bonne époque. Il n'en faut point
faire une science ni une habitude, mais une simple
coquetterie.

D'autres préfèrent l'attrait de la simple nature ;
cela va mieux du reste à de certains visages. Il
en est d'autres, au contraire, auxquels le fard
savamment distribué et la poudre de riz semée

à propos donnent le ton et le velouté de la pêche, rendent, en les accentuant, leurs beautés plus charmeresses et plus irrésistibles.

LES CHEVEUX. — La chevelure n'est pas non plus un des moindres attraits séducteurs de la femme. De beaux cheveux longs et soyeux, blonds ou bruns, font un cadre charmant au visage et, lorsqu'on peut en contempler les tresses touffues dans une délicieuse intimité ou en sentir les tendres caresses dans une promenade à deux, ce n'est pas une des moindres voluptés des priviléges de l'amour.

La mode, qui révolutionne tout et qui souvent sous prétexte d'embellissement diminue les grâces féminines, a introduit l'usage presque généralement adopté des faux cheveux. Toutes nos dames aujourd'hui ont la tête surchargée de plusieurs hectos de cheveux étrangers. Le volume excessif de ces chevelures exotiques, tours de tête ou chignons, est plutôt disgracieux que séduisant.

Cette mode, d'ailleurs, date de loin; et il n'est point sans intérêt de faire ici une revue rétrospective de la coiffure féminine depuis le XVII° siècle jusqu'à nos jours.

Sous Louis XIV, on imagina non seulement de porter des fleurs naturelles dans les cheveux, mais encore de cacher dans la chevelure de petites fioles contenant un peu d'eau pour y tremper la queue des fleurs et les conserver fraîches. Cela ne

réussissait pas toujours, mais lorsqu'on en venait
à bout, c'était charmant. Le printemps sur la tête
au milieu de la neige poudrée produisait un effet
sans pareil.

A la fin du règne du grand roi, les femmes portaient comme coiffure des pyramides si élevées que
la tête semblait placée au milieu du corps. La
mode changea en 1714, et l'histoire de cette
nouvelle variation est assez piquante.

Deux Anglaises s'étant présentées pendant le
souper du roi, firent une véritable révolution au
milieu des invités et y excitèrent un *lolle* général
à cause de la simplicité étrange de leur coiffure.
Louis XIV les aperçut et, après les avoir considérées
quelque temps, dit aux dames de la Cour que
les femmes ne devraient jamais se coiffer autrement. Il fallait plaire au roi et en prendre son
parti. Les coiffures étaient à trois étages, soute-
nues par des fils d'archal. On commença à suppri-
mer les deux étages supérieurs, puis à raser à
moitié le dernier. Louis XIV fit aux dames de la
Cour compliment de cette transformation de leur
coiffure, leur affirmant que jamais elles n'avaient
été mieux coiffées. Louis XIV mourut l'année
suivante et la mode nouvelle fut bientôt abandonnée.

Depuis Louis XIV, voici par quelles étapes a
passé la chevelure de nos grand'mères. Les cheveux se portèrent d'abord poudrés et pommadés,

relevés devant la tête de manière à laisser distinguer ce que l'on appelait les *sept pointes*, qui,
lorsqu'elles étaient régulières, étaient considérées
comme un chef-d'œuvre de beauté. Bientôt après,
les cheveux se portèrent rabattus sur le front;
on les fit créper, tantôt en grosses, tantôt en petites
boucles, avec un énorme chignon derrière.

Sous Louis XVI, on laissa tomber le chignon,
et les cheveux flottèrent sur les épaules, retenues
par un anneau d'or ou d'acier. A la Révolution
de 1789, les femmes abandonnèrent la poudre ;
quelques années après Mme Récamier mit à la
mode les *perruques blondes*. Puis on reprit ses
cheveux, on les fit couper à la Titus. Les cheveux
repoussés, on adopta la *coiffure grecque*, et
les têtes des statues antiques servirent de modèles
à tous les perruquiers d'alors.

A la fin de l'Empire, on porta des *nœuds
d'Apollon*, des *choux*, et l'on vit bientôt appa-
raître, chez les élégantes, ces longues boucles
pendantes qui prirent le nom de *repentirs*. Les
bandeaux vinrent ensuite. Après les *bandeaux*,
la mode capricieuse ramena tour à tour toutes les
coiffures imaginables, depuis la *chinoise* et les
anglaises jusqu'aux *bourses mérovingiennes*
et aux chignons.

Ceci nous entraîne fatalement à dire aussi
quelques mots des chignons. Celles de nos lectrices
qui s'obstinent, plutôt pour obéir à la mode que

par nécessité à porter perruque, nous sauront gré sans doute de leur donner les détails suivants qui constituent une véritable monographie du chignon, qui n'est pas sans intérêt.

Les femmes qui portent des *chignons* apprendront certainement avec plaisir que les faux cheveux ne proviennent pas des individus décédés dans les hôpitaux et autres établissements d'assistance publique. Après la mort, les cheveux deviennent cassants et ne peuvent être ni bouclés ni tressés.

Nos élégantes ignorent probablement d'où viennent ces énormes chignons, crépus ou non, de toutes couleurs, de toutes grosseurs, dont elles se montrent si fières et dont les coiffeurs font un commerce si lucratif.

Tous ces chignons ont orné, pour la plupart, la tête des fakirs, espèce de moines indiens. Ils sont achetés dans l'Hindoustan pour une somme assez modique et voici comment : Les Indiens, hommes et femmes, qui se rendent en pèlerinage à la Magh-Mela, grand temple de Allahabad, près de Calcutta, laissent au dieu Brahma, en souvenir de leur voyage, leurs chevelures suspendues à de longues barres transversales disposées exprès dans le temple.

Les prêtres songent naturellement à s'en débarrasser, car ils savent que, l'année suivante, les fakirs apporteront une nouvelle chevelure qu'ils auront soignée et fait accroître avec un respect tout religieux. Ils les vendent à des marchands qui les expédient en ballots pour l'Europe ; mais les prêtres ayant trouvé qu'il leur était plus avantageux de les vendre en bloc, une Société s'est formée et ils lui ont cédé le droit de recueillir chaque année, dans le temple, toutes les chevelures, moyennant la somme de 400 roupies (1.000 fr. environ). Le nombre des pélerins qui se rendent chaque année à Allahabad dépasse 200.000.

Marseille est le grand entrepôt du commerce des chevelures ; elle en importe annuellement plus de vingt mille kilogrammes dont elle tire une grande partie, comme nous venons de le dire, de l'Hindoustan et aussi d'Italie, de la Sicile, de Naples et des États Romains ; une petite quantité proportionnelle vient d'Espagne et de certaines parties de la France. Les départements formés des anciennes provinces de Bretagne et d'Auvergne sont ceux qui en fournissent le plus. Aux jours de marché, les jeunes filles décidées à se laisser tondre grimpent sur des tonneaux, enlèvent leur coiffure et déploient leurs cheveux que les commissionnaires se disputent à l'envi l'un de l'autre.

Le poids d'un chignon ne dépassant pas 90 grammes, la quantité de cheveux, importée à Marseille seulement, suffirait pour confectionner 180.000 coiffures.

Les cheveux arrivés dans ce port y sont, pour
la majeure partie, préparés et réexpédiés en
Algérie et en Espagne. Les coiffeurs de Marseille,
tous plus ou moins engagés dans le commerce
des chignons, sont au nombre de 100 environ ;
ils fabriquent annuellement pour la seule consommation indigène, 55.000 chignons, dont 30.000
sont envoyés à l'intérieur et 25.000 sont distri-
bués dans Marseille et ses faubourgs. Une certaine
maison de Paris, ne vend pas moins de 15.000 chignons par an, à des prix variant de 12 à 70 fr.
la pièce, et pouvant s'élever jusqu'à 250 fr. Les
chignons les plus chers sont ceux fabriqués avec
des cheveux rouges ou blonds cendrés provenant
pour la plupart d'Ecosse.

Dès qu'ils sont arrivés chez le fabricant, qui
les reçoit par sacs, pesant chacun quelque chose
comme deux cents livres, les cheveux sont lavés à
l'eau chaude jusqu'à ce qu'il n'y reste plus la
moindre particule de graisse ; on les plonge ensuite
dans un bain de potasse ; enfin on les fait sécher
dans de la farine grossière.

Une statistique faite en 1868 établit qu'il a été
exporté, cette année-là, de France en Angleterre,
11.954 chignons et, de plus, la quantité de cheveux
nécessaire pour en fabriquer 7.000. Pendant la
même année, la valeur totale des cheveux et chignons exportés en France a été de 1.205.605
francs. L'Angleterre en a pris la plus large

part ; les Etats-Unis se placent au second rang.

La *question des chignons* semble, au reste, être à l'ordre du jour en Angleterre. Un savant docteur, M. Tilbury Fox, a combattu les préjugés qui s'attachent à l'usage des faux cheveux dans un mémoire présenté à la Société Harvéyenne de Londres ; le *Times* termine l'analyse qu'il a consacrée à ce mémoire par une observation digne d'une sérieuse attention :

« Cependant le docteur Fox a signalé un danger qui n'a encore été indiqué par aucun observateur. Sur quelques faux cheveux, châtains ou rougeâtres, d'origine allemande, il a découvert une sorte de végétation spongieuse qui déterminerait infailliblement, sur les personnes débiles, cette affection cutanée désignée sous le nom d'impétigo... En résumé, si les opinions admises jusqu'ici sur les chignons sont généralement erronées, il est incontestable que, à moins de précautions minutieuses, l'usage de faux cheveux peut exercer une influence pernicieuse sur la partie du corps qui les porte. »

Concluez, mesdames... Pour la plupart, vous n'obéissez qu'à un sentiment de convention, en échafaudant sur votre tête d'aussi bizarres monuments. S'il en est besoin, combattez la calvitie précoce au moyen d'eaux régénératrices et renoncez à une mode dont les inconvénients n'ajoutent rien à vos grâces.

LA MAIN. — La main que l'on touche, que l'on presse en cachette pour témoigner son amour, a une beauté particulière à elle.

D'abord ses priviléges sont grands ! l'indiscrète est celle qui donne les véritables jouissances du toucher.

La main a autant d'éloquence que les yeux, quelquefois plus. Et, n'en doutez pas, une jolie main, petite et potelée, avec ses quatres fossettes aux articulations de la naissance des doigts, une main mignonne aux contours moelleux est, certes, une des plus séduisantes dépendances de la femme.

LE PIED. — Il y a deux choses au monde qui sont difficiles à trouver : c'est « la pie au nid » et « le merle blanc » ; je ne parle pas de la pierre philosophale, elle est réputée introuvable. J'en sais une troisième : c'est un joli pied. Un joli pied est vraiment rare.

Pour qu'un pied mérite la qualification d'adorable, de pied de marquise, il doit être petit, — c'est là sa première coquetterie ; étroit en proportion, et potelé comme la main autant que possible. Habillé, il faut pour le faire valoir, au lieu de l'affreuse bottine qui emprisonne, le petit soulier Louis XV décolleté, à talon haut. Il faut aussi savoir le montrer comme cela se doit : ni trop, ni trop peu.

Le charme du joli pied est d'ailleurs tout platonique. On l'admire, mais on n'en jouit pas matériellement.

ATTRAIT DU BAS DE LA JAMBE. — Ceci est une spécialité. Le bas de la jambe a des adorateurs comme il compte des indifférents, par la raison qu'il y a des gens qui savourent certains mets que d'autres n'apprécient pas.

Voyez cette jeune fille alerte, qui trotte devant vous et effleure à peine le pavé de son pied mignon ; elle relève sa robe et laisse entrevoir, dans un bas bien blanc et bien tiré, un bas de jambe fin et délié ; une secousse fait remonter le jupon jusqu'à la naissance du mollet qui promet d'être rond et modelé ; une seconde secousse vous dévoile un ravissant crescendo plein de plus belles promesses encore ; vous regardez toujours pour voir si une autre secousse plus.... charitable, ou plus indiscrète, ne vous en révèlera pas davantage. L'imagination trotte comme le petit pied que vous suivez ; votre folle anxieuse épie les moindres soubresauts du trop discret jupon, admire le peu qu'elle voit et devine le reste.

Infortunés sont les ignorants ou les blasés qui n'apprécient pas « la vertu amoureuse que porte en soy une belle jambe ».

LA TAILLE. — Les femmes croient qu'il faut la rendre le plus mince possible et l'hygiène pense absolument le contraire. Une taille peut être bien faite et élégante sans être comprimée avec excès et vous pouvez être certainement belles et grâcieuses, mesdames, en conciliant votre coquetterie avec les exigences de l'hygiène. Votre taille sera svelte et grâcieuse sans être tenue de rivaliser précisément avec celle d'une guêpe, ambition que plus d'une jeune fille a souvent payée de sa vie.

Ce chapitre nous amène naturellemment à parler du corset, le bourreau des tailles.

Le corset n'est point d'invention moderne, bien loin de là, et, pour en retrouver l'origine, il faudrait remonter bien haut dans l'histoire de l'antiquité.

A Athènes et à Rome de véritables corsets étaient employés pour dissimuler les défauts de la taille, car, dès cette époque, les jeunes filles étaient aussi désireuses de plaire qu'aujourd'hui. Les ceintures que portaient les dames grecques et les dames romaines n'étaient pas seulement destinées à enserrer étroitement la taille, mais encore à soutenir les seins, à en augmenter le volume, à contenir l'abdomen ou à effacer l'épaule. Chacune de ces bandelettes recevait une appellation distincte selon son emploi. Aux époques successives et selon les mœurs, le corset reçut des modifications aussi nombreuses que les régimes sous lesquels il passa.

Les corsets actuels sont très simples et beaucoup plus petits qu'ils ne l'étaient autrefois : ce sont presques de véritables ceintures dont la plupart n'ont en fer que le busc ; les goussets destinés à contenir les seins sont ordinairement garnis de baleines très-minces et très-flexibles.

Maintenant, au point de vue de l'hygiène, nous devons nous élever contre le corset serré, outre mesure. Sans le proscrire complètement, car il a son utilité, il doit être adapté à la forme des parties qu'il recouvre de manière à entraver le moins possible l'exercice des fonctions organiques.

Nous croyons exprimer en cela sur le corset une opinion de juste milieu qui, sans mécontenter les dames, donne une juste satisfaction aux règles de l'hygiène et aux prescriptions de la science.

Les corsets de nos voisines d'Outre-Manche, sont parfaitements faits sous ce rapport et nous ne pourrions passer sous silence, sans leur rendre justice, l'art et la science avec lesquels ils sont confectionnés.

Evidemment, il y a en Angleterre des femmes sachant s'habiller et consacrant le meilleur de leurs soins à cette fonction. Mais la majorité n'y donne qu'une importance relative.

D'abord les couturières sont faibles, puis souvent les jupes, les berthes, les canezous d'étoffe claire, sont façonnés à la maison par les femmes de chambre.

Une couturière de Londres, qui est une personne judicieuse, nous faisait observer que sous les jupes et les corsages il y a un corps et un certain nombre de choses qu'on ne doit pas considérer comme de purs accessoires, car elles jouent un rôle dans la toilette et contribuent à la faire valoir.

Le corset! C'est évidemment là le secret. Ce corset anglais, étonnant, invraisemblable, et qui explique tout.

Admirablement fait pour conserver au corps sa forme naturelle, pour laisser tout l'organisme fonctionner à l'aise, sans meurtrissure et sans déformation, mais qui n'aide point l'habilleuse qui doit lutter contre un dos plat, une taille carrée, des seins qui s'égarent, des concavitées inattendues, là où, sans fausse ambition, on pourrait compter sur le contraire.

Ces observations sont *shoking*, mais il ne faut jamais confondre le *nu*, avec le *déshabillé*, et la physiologie avec la curiosité.

Or, qui voit en moraliste et étudie en penseur le corset d'une Anglaise, comprend toute la physiologie de la toilette des femmes des Trois-Royaumes.

En France, un corset est un monde, c'est une composition, une œuvre d'art, un plan stratégique. C'est de la sculpture, du modelage ; aussi, au lieu d'en faire un simple *dessous,* on le pare, on le décore, on l'orne, et on déploie pour lui des coquetteries telles qu'on compromet un peu celle qui va le porter, en laissant supposer qu'il est peut-être destiné à être vu par un certain nombre de personnes autres que celles que la légalité désigne.

A Londres, le corset n'existe pas : c'est une pièce d'étoffe d'un seul morceau en gros piqué, une espèce de canevas à côtes et sans forme, sans dessin, sans intention, sans prévoyance et sans malice.

C'est une brassière d'enfant, avec des baleines du haut en bas. Le *suçon* et le *gousset*, ces mystérieux auxiliaires, sont ignorés.

On a le culte de la Nature, et cependant on méconnaît cette grande loi qui dit qu'elle a horreur du vide.

Pour mieux démontrer l'incroyable puissance de la mode du corset et son effrayante propagation, nous empruntons à l'auteur de l'*Hygiène vestimentaire* la statistique suivante : Dans la seule ville de Paris le nombre des corsetières s'élevait, il y a dix ans, au chiffre approximatif de 3.722. Chaque ouvrière confectionnant, selon lui, un corset en deux jours, terme moyen, il en résulte que le travail de toutes les corsetières fournissait par an à la consommation 677.404 corsets. « Pour peu, dit-il, que, dans chacun de nos départements, il existe seulement cinquante corsetières travaillant comme celles de Paris, et c'est peu dire, le chiffre des corsets fabriqués en France s'élèvera à un million et demi !

Le pendant de cette stastistique est celle de la Science qui a calculé que sur 100 jeunes filles portant corset, 25 succombent à des maladies de poitrine ; 15 meurent, après s'être mariées, à la suite de leur premier accouchement; 15 deviennent infirmes après l'accouchement; 15 difformes, et 30 seulement résistent, mais sont tôt ou tard affligées d'indispositions plus ou moins graves.

Si la coquetterie pouvait raisonner, ne serait-ce point-là une statistique faite pour engager les femmes et les jeunes filles à jeter toutes leur corset au feu !

LES SEINS. — Les seins sont un des ornements naturels principaux chez la femme et assurément celui de tous ses charmes le plus séducteur ; mais il faut, pour leur plus grande beauté, qu'ils soient accompagnés d'une gorge bien taillée.

En nul endroit du corps, la peau n'est si fine si délicate, si lisse au toucher et si blanche. Là les téguments ont atteint une telle ténuité, qu'ils sont entièrement transparents et laissent facilement apercevoir les ramuscules veineux qui serpentent agréablement autour, et dont la couleur bleuâtre, en formant un heureux constraste avec la blancheur de la peau, en relève si fortement l'éclat. Ces globes, au reste, sont d'autant plus charmants que cette belle portion de la peau est plus tendue par des glandes mammaires volumineuses.

Louis XV demandant un jour à Bouret, secrétaire du cabinet, comment il trouvait la dauphine et si elle avait de la gorge, celui-ci lui répondit que Marie-Antoinette était charmante de figure et qu'elle avait de beaux yeux. « Ce n'est pas cela dont je vous parle, répondit Sa

Majesté, je vous demande si elle a de la gorge.

— Sire, je n'ai pas pris la liberté de porter mes regards jusque-là.

— Vous êtes un sot, continua le monarque en riant, c'est la première chose qu'on regarde aux femmes. »

Un peintre peut venir à bout de représenter aux yeux toutes les grâces d'un beau visage. Il échoue ordinairement, quand il essaye de peindre une belle gorge. La Motte en pourrait être une preuve dans le portrait suivant :

Toi, par qui la toile s'anime,
Peintre savant, prends ton pinceau,
Et qu'à mes yeux ton art exprime
Tout ce qu'ils ont vu de plus beau.

Ne m'entends-tu pas ? peins Sylvie :
Mais choisis l'instant fortuné
Où, pour le reste de ma vie,
Mon cœur lui fut abandonné.

Au bal, en habit d'Espagnole,
Elle ôtait un masque jaloux,
Plus promptement qu'un trait ne vole,
Je fus percé de mille coups.

Peins ses yeux doux et pleins de flamme,
D'où l'Amour me lança ses traits ;
D'où ce Dieu s'asservit mon âme,
En un instant et pour jamais.

Peins son front plus blanc que l'ivoire,
Siège de l'aimable candeur ;
Ce front dont Vénus ferait gloire,
S'il y brillait moins de pudeur.

Poursuis, peins l'une et l'autre joue,
La honte des roses, des lis ;
Et sa bouche où l'Amour se joue
Avec un éternel souris.

Peins sa gorge... Mais non : arrête....
Ici, ton art est surmonté ;
Ah ! quelques couleurs qu'il apprête,
Tu n'en peux rendre la beauté.

Laisse cet inutile ouvrage ;
Ah ! de l'objet de mon ardeur
Il n'est qu'une fidèle image
Que l'amour grava dans mon cœur.

Quel est le poëte, d'ailleurs, qui n'a pas chanté les seins en général et ceux de sa maîtresse en particulier !.... Benserade et Clément Marot, le plus galant des troubadours français, les ont mille fois chantés ; et tant d'autres !... Notre cadre ne nous permet pas de reproduire ici tous les sonnets, toutes les stances, voire même les poëmes épiques composés en l'honneur des beaux seins. Nous renvoyons pour cela le lecteur à un livre spécial et curieux, auquel du reste nous avons fait quelques emprunts sur la matière, et dont le titre piquera

certainement la curiosité de ceux qui tiendraient
à approfondir ce sujet :

ELOGE DU SEIN DES FEMMES
Ouvrage curieux
Dans lequel on examine s'il doit être découvert,
S'il est permis de le toucher,
Quelles sont ses vertus, sa forme, son langage,
son éloquence.
Le pays où il est le plus beau
Et les moyens les plus sûrs de le connaître.

UNE PUCE HISTORIQUE. — En parlant du sein,
nous sommes amené à parler de la puce, dont
cette partie du corps féminin semble être le
territoire de prédilection.

Que vient faire la puce dans une étude physiologique sur l'Amour ? nous demandera-t-on.

A la rigueur, nous pourrions confesser l'inop-
portunité de son ingérence dans ces pages. Mais
nous pouvons plaider cependant les circonstances
atténuantes en sa faveur, car il n'est pas de plus
indiscret ennemi, témoin invisible des ébats amoureux, et parfois cette infime bestiole fut l'héroïne
de nombreuses épopées qui l'ont rendue célèbre
en matière d'amour. C'est pour cela que nous
lui donnons droit de cité au titre purement anecdotique.

Du repos des humains, implacable ennemie,
J'ai rendu mille amants envieux de mon sort ;
Je me repais de sang, et je trouve ma vie
Dans les bras de celui qui recherche ma mort.

C'est la profession de foi d'une puce, que nous
a transmise Boileau.

L'Académie, beaucoup moins sentimentale à
l'égard de la puce, nous dit plus prosaïquement
que c'est: « un petit animal, de la famille des
rhinaptères, qui suce le sang. »

Quoiqu'il en soit, nous avons jugé à propos de
consacrer un chapître à cet intéressant animalcule
qui a eu son heure de célébrité dans le monde
galant et mérita même les honneurs de l'impression
dans un ouvrage bien connu des bibliophiles, sous
le titre de : *La puce de Mlle Desroches*.

Une puce, aussi ambitieuse qu'indiscrète, se rendit célèbre en l'an 1579.

En ce temps-là, la haute société de Poitiers
s'honorait de deux dames appartenant à la race des
Précieuses de Molière, c'étaient Mme Desroches
et sa fille Catherine. Aussi, Odet Turnèbe, avocat
au Parlement, disait-il avec l'enthousiasme de ce
temps-là :

Dans les murs de Poictiers
Les muses logent en personne !

Ces Muses étaient Mmes Desroches mère et fille
dont le salon, réunissant l'élite des beaux esprits
de la France entière pour l'œuvr. de la Renaissance littéraire, était comme l'*arsenal* de cette
Restauration.

On y causait littérature, on y parlait science,
on y bavardait galanterie. On avait dépassé les

Cours d'amour, on n'avait pas encore songé au *marivaudage*, on allait atteindre les ruelles. Sainte-Marthe y faisait des vers latins sur l'éducation, Pasquier y dissertait sur l'amour, Rapin y traduisait *Orlando Furioso*, Loysel et Choppin y discutaient le droit, Jules Guersans y préparait une tragédie qu'il attribua plus tard à Mlle Desroches.

Les Grands Jours, tenus à Poitiers en 1579, amenèrent autour de ces dames tous les magistrats que cette solennité avait appelés dans cette ville. Un jour, Etienne Pasquier aperçut une puce qui s'était « parquée au beau milieu du sein » de Mlle Desroches. Il fit remarquer la témérité de l'animal ; il s'ensuivit quelques propos badins ; l'incident provoqua d'abord l'échange de deux pièces de vers entre Pasquier et Mlle Desroches. Les savants magistrats, prenant fait et cause, se mirent à célébrer la puce en français, en latin, en espagnol, en grec même. Pasquier recueillit ces divers morceaux ; de là vint le volume qui eut pour titre : *la Puce de Mlle Desroches* et qui fit quelque peu sensation.

Voici comment Etienne Pasquier raconte l'anecdote dans sa préface de la *Puce des Grands Jours de Poitiers* :

« Tu riras, je m'asseure (lecteur) ; aussi n'a été fait ce petit poème que pour te donner plaisir, et tu en riras davantage, quand tu entendras le motif. M'estant transporté en la grande ville de Poictiers

pour me trouver aux Grands Jours qui se devaient
tenir sous la bannière de M. le président de Harlay,
je voulus visiter Mes Dames Desroches mère et
fille, et après avoir longtemps gouverné la fille,
l'une des plus belles et sages de notre France,
j'aperceu une puce qui s'était parquée au beau
milieu de son sein ; au moyen de quoi, par forme
de risée, je lui dis que vrayment j'estimois cette
puce très-prudente et très-hardie : prudente, d'avoir
sceu entre toutes les parties de son corps, choisir
cette belle place pour se raffraischir ; mais très-
hardie de s'être mise en si beau jour ; parce que
jaloux de son heur, peu s'en falloit que je ne
misse la main sur elle, en délibération de lui faire
un mauvais tour, et bien luy prenoit qu'elle estoit
en lieu de franchise... »

Pasquier fit deux cents vers sur ce sujet :

> Ainsi que dans le pré,
> D'un vert émail diapré,
> On voit que la blonde avette
> Sur les belles fleurs volette,
> Pillant la manne du ciel,
> Dont elle forme son miel ;
> Ainsi, petite pucette,
> Ainsi, puce pucelette,
> Tu voles à tâton
> Sur l'un et l'autre téton ;
> Or, ayant pris ta posture,
> Tu t'en viens à l'aventure,
> Soudain après héberger,

Au milieu d'un beau verger,
Paradis qui me réveille,
Lorsque plus elle sommeille :
Là, prenant ton bel ébat,
Tu lui livres un combat,
Combat qui aussi l'éveille,
Lorsque plus selle ommeille.

. . . .

Je ne veux ni du taureau,
Ni du cygne, blanc oiseau,
Ni d'Amphytrion la forme,
Ni qu'en pluye on me transforme,
Puisque ma dame se paist
Sans plus de ce qui te plaist,
Plust or à Dieu que je pusse
Seulement devenir puce !
Tantost je prendrais mon vol
Tout au plus haut de ton col,
Ou, d'une douce rapine
Je succrois ta poitrine,
Ou lentement, pas à pas,
Je me glisserais plus bas,
Et d'un muselin folastre,
Je serais puce idolastre,
Pinçottant je ne sais quoi
Que j'aime trop plus que moi !

. . . .

Mais las ! malheureux poëte !
Qu'est-ce qu'en vain je souhaite ?
Cet échange affiert à ceux
Qui font leur séjour aux cieux.

Et partant, puce pucette,
Partant, puce pucelette,
Petite puce, je veux
Adresser vers toi mes vœux.
Si tu piques les plus belles,
Si tu as aussi des aisles
Tout ainsi que Cupidon,
Je te requiers un seul don
Pour ma pauvre âme altérée,
O puce ! ô ma Cythérée !
C'est que ma dame, par toi
Se puisse éveiller pour moi !
Que pour moi elle s'éveille,
Et ait la puce en l'oreille !

Mlle Desroches fit à son tour deux cents autres vers :

Petite puce frétillarde,
Qui d'une bouchette mignarde
Suçotes le sang incarnat
Qui colore un sein délicat,
Vous pourrait-on dire friande
Pour désirer telle viande ?
Vraiment nenni, car ce n'est point
La friandise qui vous poingt.

. . . .

Petite, vous cherchez un lieu
Qui vous serve de sauvegarde
Et craignez que Pan vous regarde.
Bien souvent la timidité
Fait voir votre dextérité ;
Vous sautelez à l'impourveue

Quand vous soupçonnez d'être veue.
Et de vous ne reste, sinon
La crainte, l'adresse et le nom.

Deux pièces de deux cents vers ne suffisaient
pas à chanter cette puce célèbre. Il y avait alors
des juges à Poitiers, et des procureurs, et des
avocats, et des savants... Tous y rimèrent en
l'honneur de la puce de Mlle Desroches. Ce fut
une véritable avalanche.

Pierre Soulfour, président à la Cour de Paris,
apporta son quatrain :

> Aux Grands Jours n'y a rien d'égal,
> Et rien de petit ne s'y treuve ;
> La puce, un petit animal,
> Logée au ciel nous en fait preuve.

Claude Binet, avocat au Parlement :

> O petit animal heureux !
> Utile aux hommes et aux dieux...
> Suce de ma maîtresse belle
> Ce gros sang qui la rend rebelle.

Il y eut la puce de Pierre Pithou, en latin,
dont Pasquier fit la traduction :

> D'une continue concorde
> Phœbus avec ses sœurs s'accorde :
> Ny la puce ne nous a fait
> Tant de poëtes ; mais *la Roche*
> Qui du Roch d'Hélicon est proche,
> A produit cet œuvre parfait.

La puce de Macefer :

> Puce qui as entamé
> D'un petit bec affamé
> Le téton de ma Charite
> Pour y puiser la liqueur,
> Nourrice du petit cœur
> Qui ton petit corps agite....

La puce de Jacques Curtin de Cisse :

> Pucelette noirelette,
> Noirelette pucelette,
> Plus mignarde mille fois
> Qu'un aignelet de deux mois,
> Et mille fois plus mignonne
> Que l'oisillon de Véronne.
> Comment pourra mon fredon
> Immortaliser ton nom ?

La puce de Raoul Cailler, Poitevin :

> O puce, qu'heureuse tu es,
> De naistre ainsi comme tu nais.

La puce de François de la Couldraye, où se trouvent les beaux vers et la belle pensée qui suivent :

> Il ne faut, Pasquier que la plume
> Représente dans ce volume
> Ce que l'habit ne laisse hors ;
> Car la mesme pudeur honnête
> Doit voiler le front du poëte
> Comme l'habit couvre le corps.

La puce de Cœsar Boulanger, celle de Lhommeand (de Saumur), celle de Jacob Mangot. Il y eut la puce de Achille de Harlay, le Président des Grands Jours, adressée à Pasquier :

Tu dis, Pasquier, qu'en consultant,
Sur la puce tu fais des vers ;
Ne plains point le temps que tu pers,
Puisqu'en perdant tu gagnes tant.

La puce de François d'Amboise, la puce de Barnabé Brisson. Et tant d'autres.

Nicolas Rapin, poëte poitevin, l'un des auteurs de la *Satire Ménippée* qu'à cette époque on se passait curieusement de main en main, Rapin, que les lauriers d'Etienne Pasquier, empêchaient de dormir, fit à son tour la *Contre-Puce*, dans laquelle il souriait ironiquement à ces poëtes si occupés. Sa pièce de vers ne fut pas précisément galante :

Quant à moi je ne crains rien,
Car Dieu merci j'ai le moyen
D'éviter ta salle morsure :
Je sais me tenir nettement
Au linge et en l'accoustrement,
C'est la recette la plus sûre.
. . . .

Et quand cela je n'aurais point,
Encore scays-je un autre point.
Pour brider ta gueule altérée :
Dès le soir je m'enyvreray
Et toute la nuit dormiray
Sans sentir ta pointe acérée.

Rapin fut bien riposté. Comme il le disait lui-même en parlant des poëtes *chante-puces* :

On n'en voit pas un s'endormir,
Ils ont tous la puce à l'oreille.

Et Barnabé Brisson lui décoche une réplique assez piquante :

Toi qui n'as main ni langue, es-tu bien si osé,
De mordre cil qui mesle à son estat ces jeux ?
Le mesdire de nous absens, t'est bien aisé :
Si nous ne te plaisons, fay quelque œuvre de mieux.

Catherine Desroches remercia, en vers, avec toute sa grâce les nombreux adorateurs qui lui avaient rimé leurs petits poëmes. Pasquier n'oublia pas de faire entrer leurs noms, sous forme de calembours, dans un *vœu pastoral* destiné à les immortaliser. Il est curieux de voir comme il s'y prit.

Celui qui du *Pascage* (1) emprunte le surnom,
Celui qui aux *Rochers* (2) donne tant de renom,
Celui qui.....
Trouva dans les forêts le nom de la *Couldraye....*
Ici main bon pasteur diversement voit-on
Graver dans le sainct Roch sous l'a *Bryson* (3) sainct nom;
Icy le bel *Oysel* (4) dégoiser son ramage,
Et le pastre *Tourneur* (5) chanter mille beaux couplés.
Icy voit-on le mont de Parnasse *Echeler* (6),
Icy le forgeron sainctement *Marteler* (7)

---

(1) Pasquier.
(2) Mme Desroches.
(3) Barnabé Brisson, avocat-général des Grands Jours.
(4) Loysel, jurisconsulte.
(5) Turnèbe (Odet).
(6) Scaliger (de la Scale), alors au château d'Abin.
(7) Scévole de Sainte-Marthe.

Ici pour bien *Biner* (8) les riches fruicts renaistre,
Au-dessous des *Chaux pins* (9) et le jeune berger,
Et *Amboise* des dieux l'ambroisie *Manger* (10),
Et du mielleux nectar soüefvement se paistre.

Et il ajoutait triomphant :

Ne me trompetez plus vostre Troyen cheval,
Dont vindrent tant de ducs, ô trompeuses trompettes,
Vos superbes discours n'ont rien à nous d'égal,
Puisque une puce esclot tant de braves poëtes.

Voilà une puce qui, certes, a fait parler d'elle
et qui méritait bien une mention dans ce volume.

La puce de nos jours a subi l'influence de la
civilisation. Elle est un peu descendue des sphères élevées où nous venons de la présenter au
lecteur, et puisque nous n'avons point exclu l'anecdote de ces pages, nous allons compléter ce chapître en constatant les bienfaits de l'instruction
gratuite et, obligatoire chez ces petits animaux,
car la puce de nos jours n'est pas ce qu'un vain
peuple pense, et elle est capable de recevoir une
éducation complète. On ne lui a pas encore enseigné à jouer du piano ou à retourner le roi à
l'écarté. Ce dernier exercice est le privilège de
bestioles d'une organisation plus avancée, et nombre de parisiens ont pu voir sur les boulevards
de vulgaires pierrots qui gagnaient à tout coup,
comme les grecs les plus authentiques. Les puces

---

(8) Claude Binet.
(9) Chopin, avocat.   (10) Mangot.

n'en sont pas encore là. Cela viendra peut-être.
Il existe des dompteurs de puces qui parcourent
l'Europe, et ces Bidels d'un nouveau genre, sont
parvenus à former de bons élèves.

Il faut reconnaître que depuis Boileau, la puce
s'est singulièrement réhabilitée aux yeux du monde
savant. On avait cru, jusque là que ce petit monstre n'était bon qu'à troubler le repos des humains.
Détrompez-vous.

« La puce contemporaine, lisons-nous dans un
journal sérieux, est un animal extrêmement intelli-
gent, et avec un peu de bonne volonté on pourrait
dire qu'il ne lui manque que la parole. Si elle
se repaît de sang, c'est qu'il faut bien que tout
le monde vive, et ce n'est pas sa faute si le bon
Dieu ne lui a pas donné le goût de l'herbe ou
des confitures. Chacun prend son bien où il le
trouve, et on n'est pas maître de son estomac.

« Mais c'est là un détail mesquin indigne d'arrêter l'attention. Elevons-nous donc une fois pour
toutes au-dessus des préjugés vulgaires. Parce
que vous vous serez gratté de temps à autre, est-ce
une raison pour méconnaître ce que la divine pro-
vidence a mis de finesse et d'esprit dans un avorton
qui n'est pas gros comme une tête d'épingle ?
Quand on veut être raisonnable, il faut savoir
faire la part des choses. Or ce que je viens d'apprendre sur le compte des puces m'inspire toutes
sortes d'égards à leur endroit, je le déclare sans

rougir, et, dussent-elles me tatouer comme un sauvage de la Papouasie, rien ne m'ôtera le courage de mon opinion.

« C'est un lecteur du *Temps* un ex-colonel de cavalerie à l'armée des Vosges, qui m'a inculqué ce respect de la puce, M. Henri Gay a beaucoup étudié cet animal éminemment civilisé, et il n'a point tardé à se lier avec lui d'une touchante amitié. Il a recueilli ses confidences ; il a appris à connaître ses vertus, qui ne se livrent qu'à la longue, et il a consigné le fruit de ses observations dans un livre.

« Apprenez donc que la puce est capable de recevoir une éducation complète, naturellement proportionnée à sa taille et à la disposition de ses organes.

« Il s'agit d'abord d'habituer les puces à la marche. On ne sait que trop que ces insectes ont une brusquerie d'allures désespérante. Ce sont de petites personnes agitées qui réalisent d'instinct la fable du mouvement perpétuel. Or, il est de toute nécessité d'assouplir cette humeur capricieuse et de les déshabituer de ces façons de kanguroos. On les enferme donc dans une petite boîte qui se meut au premier bond ; plus la malheureuse puce proteste et plus son supplice est rigoureux. Elle finit par se lasser. La fatigue a raison de la révolte de ses nerfs ; elle comprend qu'il n'y a rien faire contre la destinée et elle se résigne.

« C'est le premier acte. Quand son propriétaire
juge que la réflexion a accompli son œuvre, il sort
l'artiste de sa prison et il procède à son harnache-
ment. Dur labeur ! On la sangle à la troisième
articulation et au moyen d'un cheveu ou d'un fil
de soie très-fin noué sur le dos. Ainsi équipée,
notre puce est mise à la chaîne et abandonnée
à de nouvelles méditations. Le plus souvent son
instinct se réveille. La pauvrette se croit libre,
et elle n'a rien de plus pressé que de recommencer ses gambades. Mais chaque saut la ramène
à son point de départ. Bientôt l'aiguillon de la
faim se met de la partie ; elle se dit qu'elle ne
gagnera rien à faire la mauvaise tête et elle devient
douce comme un petit mouton. C'est le moment
de lui jeter un morceau de sucre... je me trompe,
un petit lambeau de bœuf cru devant lequel elle
se garde bien de bouder. Voilà pour le deuxième
acte.

« Le plus fort est fait. Ce n'est qu'un jeu après
cela de lui faire exécuter les exercices préparatoires ; de lui apprendre à marcher au pas, de
la suspendre à un fil de soie, de l'atteler à de
petites voitures. Et notez bien que le dompteur
se réserve toujours la ressource de la diète ou de
la terrible boîte tournante. En revanche, que de
caresses et de friandises, quand elle est arrivée à
traîner le char, à diriger la brouette, à tirer le canon,
à tourner le moulin et à danser sur la corde !

« Généralement les honorables professeurs de
puces se livrent eux-mêmes en pâture à leurs
pensionnaires. M. Henri Gay cite le cas d'un
Anglais, nommé Kitchingam, qui, les exercices
terminés, disposait ses puces dix par dix sur le
revers de sa main, couverte de cicatrices, et les
laissait se désaltérer à même avec une bien-
veillance toute paternelle. De la salle à manger
au dortoir le trajet n'était pas long. Ce dortoir
consistait en une couche coquette, aménagée dans
une boîte oblongue et capitonnée de flanelle rouge ;
là-dessus des couvertures blanches ; bref un nid
de petite maîtresse où les laborieuses ouvrières
dormaient en paix et à l'abri des vents coulis.

« M. Kitchingam les réveillait à dix heures du
matin. Vite à la toilette ! Un petit plumeau de
duvet très léger lui servait à enlever les molécules
de poussière ou les débris de lainages qui pouvaient s'être introduits entre les articulations et
gêner les mouvements dans les exercices.

« Et quel travail ! Dix heures par jour, c'est-à-
dire beaucoup plus qu'un employé de l'Etat. Le
champ de travail des élèves de M. Kitchingam
s'étend sur une table recouverte de papier blanc.
La première, celle qui remporte invariablement
le prix d'excellence, est de nationalité belge : il
est clair que le sang flamand porte à l'esprit de
mesure et de conduite. Ne me parlez pas des
françaises évaporées, ni surtout des espagnoles,

carlistes intraitables, qu'on ne sait par quel bout prendre ! Les belges ne craignent pas de rivales.

« Aussi notre héroïne a-t-elle mérité le surnom d'Hercule. Le vaisseau en ivoire qu'elle traîne est mille fois plus pesant que son petit corps, et ses camarades ont si bien la conscience de sa supériorité, que, quand Hercule part de l'avant, elles se mettent en grève, convaincues qu'il ne leur servira de rien de chercher à la rattraper. Quand je vous disais que ces petites bêtes ont de l'esprit jusqu'à bout des pattes !

« Une autre artiste du nom de Blondin, — encore une belge, savez-vous ? — a trouvé le moyen de traîner, le corps en dessous d'une corde, une brouette dont la roue se meut à la partie opposée de la même corde ; une troisième puise de l'eau dans un puits. Au début, ses pattes crochues ne lui permettaient pas de saisir le fil régulièrement : elle pelotonnait et enchevêtrait toute la corde. Avec du temps et de la patience, elle a fini par se tirer d'affaire très-convenablement et elle abandonne son travail aussitôt qu'on la rappelle, tandis qu'auparavant, une fois prise au fil de soie, on ne pouvait lui faire lâcher prise. »

J'en ai dit assez pour justifier mes promesses du début. Reconnaîtrez-vous maintenant que la puce n'est pas ce qu'un vain peuple pense ?

C'est le cas ou jamais de terminer par une anecdote :

Un professeur de puces, peut-être M. Kitchingam, montrait ses lauréates à une famille royale
du continent, quand, tout à coup, l'hercule de la
bande disparut.

Mais le professeur l'avait suivie des yeux, et,
après un moment d'embarras :

— J'en demande pardon à Son Altesse, dit-il à
l'une des princesses, mais mon élève s'est réfugiée
sur son auguste personne... et si elle veut bien la
rechercher, ce sera l'affaire d'un instant...

La jeune princesse s'exécuta gaiement. Elle
passa dans une chambre voisine et revint quelques
minutes après, tenant entre le pouce et l'index
l'insecte demandé.

Mais à peine le professeur l'eut-il aperçu qu'il
secoua la tête, et de sa voix la plus gracieuse :

— C'est à recommencer, dit-il ; Votre Altesse
s'est trompée ! La puce qu'elle a bien voulu me
rapporter est... une *puce sauvage* !

Comme vous voyez nous sommes loin de la puce
idéale du XVIᵉ siècle. La puce a marché avec
le progrès, et le siècle de Thérésa a enfanté la
« puce savante. » Qui n'a pas vu dans les foires le
« cirque des puces » où l'on fait exécuter à ces
bestioles les tours de force et d'adresse les plus
surprenants !

BAIL DU CŒUR DE CLORIS. — Nous ne saurions mieux clore cette Méditation, concernant les
diverses parties du corps, que par la pièce curieuse

suivante du XVIIe siècle, que nous avons retrouvée dans le *Mercure galant*, et dans laquelle tous les avantages de chacune de ces parties sont énumérés et éloquemment vantés :

BAIL DU CŒUR DE CLORIS

Par devant les notaires garde-notes du roi Cupidon notre sire, dans toute l'étendue de l'empire amoureux, soussignés ; fut présente la belle Cloris, bourgeoise de la ville de Cypre, demeurante rue et proche du Temple d'Adonis, laquelle a, par ces présentes, baillé et délaissé, à titre de loyer, promis faire jouir et garantir de tous troubles et empêchements, à l'amoureux Daphnis, aussi bourgeois de la dite ville de Cypre, demeurant rue et proche du Temple de Vénus, à ce présent et acceptant, un cœur à elle appartenant, par rétrocession qui lui en a été faite par l'inconstant Hilas, son époux, par acte passé par-devant le Dégoût et le Mépris, notaires en la ville de Saint-Léger, sur l'Euripe, duquel acte (fait double entre les parties) n'a été laissé aucune minute, du consentement d'icelles. Le présent bail dudit cœur fait audit Daphnis avec toutes ses appartenances, savoir :

Deux beaux yeux, dont le cœur anime d'un feu pur
L'étincelant crystal, le transparent azur ;
Où des divers objets que forme la nature
On peut voir en petit la naïve peinture ;
Où, tout voilé qu'il est, le cœur, sans y penser,

Se peint fidèlement, et ne peut s'effacer ;
Où l'on peut découvrir, à travers de la flamme,
Un amour recelé jusques au fond d'une âme ;
Enfin, où les amants, curieux de leur sort,
Trouvent toujours écrite ou leur vie ou leur mort,
Lisant le jour fatal aux grandes entreprises,
Et le moment heureux pour en venir aux prises.

Lesquels deux beaux yeux ladite Cloris sera
tenue d'arrêter, en sorte qu'ils ne s'égarent plus
sur les différents objets, qu'ils veillent sans cesse
à la sûreté du cœur, et qu'ils ne servent qu'aux
usages que ledit Daphnis en prétend faire. Sera
tenue pareillement ladite bailleresse de mettre de
bons contrevents en dehors, pour servir de défenses
contre les voleurs.

    La modestie et la pudeur
Servent de contrevents aux fenêtres du cœur ;
    Et Cloris s'est assujétie,
Sans préjudicier pourtant à son amour,
D'opposer aux voleurs, et de nuit et de jour,
    La pudeur et la modestie.

Ces beaux yeux, en public toujours si retenus,
En secret pour Daphnis perdront leur retenue,
    Ils verront les Amours tout nus,
    Et la volupté toute nue,
Ils sauront exciter les amoureux désirs,
Ils sauront ménager les amoureux plaisirs,
    Ils marqueront de la nature
    Les plus tendres mouvements ;

Et ces bienheureux moments,
Qui payent avec tant d'usure,
Les mauvais jours des amants.

Plus deux petites oreilles, bien ourlées et rebordées, qui servent au cœur de conduit et de passage pour les cajoleries, les fleurettes, les déclarations d'amour, les protestations de fidélité, les soupirs, les plaintes, les prières, et pour tous les autres divertissements de cette nature à quoi il s'occupe. S'oblige ladite Cloris de les fermer, condamner du côté du mauvais vent, en sorte que ledit preneur n'en puisse être endommagé.

Qu'ainsi la méfiance, et l'envie, et la haine,
Rencontrent en tout temps ce passage fermé,
De crainte que par leur haleine,
Le cœur ne soit envenimé ;
Que Daphnis, affranchi de ces immortelles pestes,
Ne se sente jamais de leurs souffles funestes ;
Que Cloris, des jaloux méprisant le dépit,
Fasse ses oreilles au bruit ;
Que leurs plaintes, en l'air toujours évaporées,
Se dissipent en s'élevant,
Et qu'ils grondent enfin à ces portes sacrées
Sans que le cœur en ait le moindre vent.

Plus :

Une bouche fraîche et vermeille,
Qui sert au cœur de truchement,
Pour s'expliquer précisément
Sur ce qu'il reçoit par l'oreille ;

Une bouche où la volupté,
Cette reine des cœurs flatteuse et délicate,
Accorde la douceur avec la majesté,
Et règne mollement sur un lit d'écarlate ;
Une bouche où Zéphir répand l'esprit des fleurs,
Où l'Amour, avec ses trois sœurs,
Folâtre sur un tas de roses
Et, désarmé du trait fatal,
Entre deux lèvres demi-closes,
S'amuse d'un dard de corail.

Et parce que ladite bouche servait ci-devant d'un passage commun à l'artifice et à la dissimulation, au compliment et à la flatterie, qui logent sur le derrière dudit cœur, dans un appartement détaché d'icelui, il a été convenu que ledit cœur demeurerait affranchi de cette servitude, sauf à ladite Cloris à dédommager lesdits hôtes comme elle avisera. S'oblige aussi ladite bailleresse de donner de la pente dans ledit passage, pour faire écouler toutes les ordures et immondices qui pourraient se former dans ledit cœur, comme les dépits, les chagrins, les soupçons, les dégoûts et les tentations nouvelles.

Que ces excréments de l'amour.
N'infectent jamais son séjour ;
Qu'ils ne croupissent point, qu'ils coulent à leur aise,
Et que par ce canal secret,
Le cœur se tienne toujours net,
Et ne garde point d'eau punaise.

Plus,

Deux beaux bras, que le cœur, par des liens cachés,
Tient à son service attachés,
Et qui, pour écarter les maux qui se présentent,
Pour saisir les biens qui le tentent,
Sont incessamment dépêchés.

Ladite Cloris ayant déclaré que lesdits bras
n'avaient servi jusqu'à présent qu'à défendre l'approche aux insolents et aux importuns, qui tran-
chent des petits-maîtres, et qui font profession de
l'amour entreprenant et de l'amour brusque, il a
été convenu qu'outre ces fonctions, dans lesquelles
elle s'oblige de les entretenir, elle les rendra
souples, et propres à servir à l'amour tendre et
caressant que ledit Daphnis prétend loger avec
lui dans ledit cœur ; et comme le cœur qu'occupe
cet amour fait, par l'entremise des bras, la plus
grande partie de ses affaires les plus touchantes,
et que,

Par la vigilance éternelle,
Par l'union forte et fidèle
De ces ministres pleins de zèle,
Brûlant d'amour, gros de désirs,
Et las de perdre des soupirs,
Il semble voler aux plaisirs,
Et se fondre avec ce qu'il aime....

Ladite Cloris consent, pour gagner du temps,
et pour plus grande facilité, que ledit Daphnis
mette lui-même ces beaux bras en état de rendre

tout le service dont il aura besoin, promettant
d'agréer tout ce qui pour cela aura été fait par
ledit sieur preneur, même de le lui allouer et lui
en tenir compte sur le prix du présent bail.

Plus deux globes plus blancs que la neige nouvelle,
  Aux côtés du cœur flanqués,
   Où les pôles sont marqués,
  D'une framboise éternelle.....
Ces globes, dont le cœur est le premier mobile,
Servent à découvrir ses divers mouvements.
  Quiconque en amour est habile
  Sait par eux le sort des amants ;
Par l'élévation de leur habile pôle,
Le progrès du voyage où l'on s'est embarqué,
  A qui sait cartes et boussole,
  Est assez nettement marqué....
  Sûr de sa route nuit et jour,
  Il ne consulte plus d'étoiles,
  Et mettant au vent toutes voiles,
Il entre heureusement et mouille au port d'amour.

Ladite bailleresse a promis et promet de tenir
lesdits globes clos et couverts, et de les mettre,
par de bonnes barrières, hors d'atteinte, en sorte
que les passants et les curieux ne soient pas en
pouvoir de les toucher et de les flétrir....

  L'Amour combat avec chaleur
  Contre un vieux fantôme d'honneur.
Qui s'oppose sans cesse aux biens de la nature.
L'Amour, quand ce combat est trop rude et trop long,

Se rebute souvent, et souvent fait retraite,
Et jamais il n'obtient de victoire parfaite
Si le plaisir n'est son second......
Mais quand l'Amour a mis son ennemie à terre,
Toute la dépense n'est rien ;
Il triomphe en prodigue, et met tout en usage,
Sauf à vivre après de ménage.

Le présent bail fait pour le temps de dix années,
à commencer du jour des présentes, moyennant

Grande fidélité, grand soin et grand amour,
Bons services de sa personne,
Que Daphnis rendra chaque jour,
Au gré de la belle mignonne.

Et encore à la charge de faire dans ledit cœur,
appartenances, circonstances et dépendances, toutes
menues réparations, satisfaire aux charges de ladite
ville de Cypre, et enfin user de tout en bon père
de famille, et rendre les lieux en bon état, après
les dix années expirées, sauf à proroger, s'il y
échet. Et pour l'exécution des présentes, lesdites parties ont élu leur domicile, savoir : ladite
bailleresse en la maison où elle est à présent
demeurante, en la dite ville de Cypre, rue d'Adonis, auxquels lieux lesdites parties consentent que
toutes les assignations qui leur seront données
soient valables, sauf à changer lesdits domiciles
quand ils verront bon être, en s'avertissant toutefois par un exploit fait à propre personne :

car ainsi a été accordé, promettant, obligeant, renonçant.

Fait et passé en l'étude des notaires, à Cypre, le 1er avril 1670.

Expédié double, et n'a été laissé minute.

Signé: CLORIS, DAPHNIS.
Le DÉSIR et le RESPECT, notaires.

———

MÉDITATION VI

—

LE BAISER

« Or, quant à l'attouchement, dit Brantôme, il
faut avouer qu'il est très-délectable, d'autant que
la perfection de l'amour c'est de jouir, et que jouir
ne se peut faire sans l'attouchement; car, ainsi que
la faim et la soif ne se peut soulager et apaiser
sinon par le manger et le boire, aussi l'amour
ne se passe ni par l'ouïe, ni par la veuë, mais
par le toucher et l'embrasser ».

Voltaire en parlant du baiser dit que l'homme et
certains oiseaux sont les seuls animaux qui connaissent ce moyen de témoigner leurs sentiments les
plus tendres. C'est en effet la plus grande marque
de tendresse qu'un être sensible puisse donner à

son semblable, et l'on sait que beaucoup d'oiseaux, la colombe surtout, nous offrent le modèle de l'amour le plus parfait.

Nous ne pouvons faire autrement que de donner ici les dix-neuf *Baisers* de Jean Second. Ces vers latins ont une fraîcheur d'invention et d'originalité, une grâce, un velouté délicat, une fleur d'agrément que l'on peut comparer à l'attrait même de la jeunesse. Ces *Baisers* ont été traduits par M. Tissot.

PREMIER BAISER

Le sommeil sur Ascagne épanchait ses pavots ;
Vénus le voit, l'enlève, et volant à Paphos,
Sans réveiller l'enfant, à l'ombre le dépose :
Une forêt de fleurs l'environne, et la rose
Qui, vierge encor, du lis surpassait la blancheur,
De l'air autour de lui parfume la fraîcheur.
Le beau Troyen, couché sous ce nouvel ombrage,
Rappelle à la déesse une bien chère image,
L'image d'Adonis ; ce touchant souvenir
Réveille dans son cœur la flamme du désir.
Voilà mon Adonis ; oui, c'est lui, disait-elle.
Vingt fois pour l'embrasser se pencha l'immortelle,
Mais troubler le repos d'Ascagne ou d'Adonis !...
Ouvertes par l'amour, les lèvres de Cypris
S'égarent sur les fleurs qu'elle avait fait éclore ;
Au feu de ses baisers la rose se colore ;
Zéphir unit son souffle à leur douce chaleur,
Et caresse à la fois la déesse et la fleur.

De blanche qu'elle était, la rose purpurine
Frémit sous le toucher de la bouche divine,
La cherche avec amour, et, sensible aux désirs,
Rend baisers pour baisers, et plaisirs pour plaisirs.

Cependant sur un char qui semble avoir des ailes,
Dans le vague des cieux, de blanches tourterelles
Font voler la déesse autour de l'univers.
Sa bouche a murmuré quelques mots dans les airs ;
Et d'un peuple d'oiseaux les brûlantes tendresses
Déjà par le baiser préludent aux caresses.

Baume de nos chagrins, charme de nos douleurs,
Salut, tendres baisers, baisers enfants des fleurs,
Et de l'heureuse erreur des lèvres d'une amante !
Voici votre poëte, il vous aime, il vous chante.
Vous vivrez dans ses vers tant que le double mont
Sur l'antique Phocide élèvera son front,
Tant qu'on verra l'Amour inspirer au génie
Les chants harmonieux de la molle Ausonie.

DEUXIÈME BAISER

Vois-tu cette vigne riante
Vers l'ormeau conjugal, monter avec amour ?
La vois-tu souple et caressante,
Du chêne aux longs rameaux embrasser le contour ?
Ainsi puissent tes bras flexibles
L'un à l'autre enchaînés doucement me presser !
Ainsi, par des nœuds invisibles,
Par d'éternels baisers je voudrais t'enlacer.
Bacchus et sa liqueur sacrée,
Et du plus doux sommeil l'agréable langueur,
Rien ne peut, ô femme adorée !
De tes lèvres de rose arracher ma fureur.
Nous expirons dans ce délire ;
Deux amants chez Pluton descendent à la fois.
Mais ne crains pas le sombre empire,
Aux Champs-Elysiens notre flamme a des droits.
Au travers des plaines riantes,
Une route de fleurs nous conduira tous deux

A ces campagnes odorantes,
Asile du printemps, séjour des vrais heureux ;
Là des héros et leurs maîtresses,
Fidèles aux serments de leur premier amour,
Se prodiguent mille caresses,
Forment des chœurs de danse, ou chantent tour à tour
Les hymnes sacrés des poëtes,
Dans un vallon secret, peuplé de myrthes verts,
Où les roses, les violettes
Disputent de fraîcheur et parfument les airs,
Sous l'ombre toujours incertaine
D'un bosquet de lauriers, dont les rameaux mouvants
Cèdent à la suave haleine,
Au souffle harmonieux du plus léger des vents.
Je te présente au sanctuaire :
Le peuple fortuné se lève à notre aspect,
Et, dans les rangs des fils d'Homère,
Sur des bancs de gazon nous place avec respect.
Bien loin que cet honneur suprême
Offense la fierté des amantes des dieux,
Il plairait à Tyndaris même,
Malgré l'orgueil du sang qu'elle a reçu des cieux.

TROISIÈME BAISER

Donne, donne un baiser, fille aimable et naïve ;
Tes lèvres sur ma bouche aussitôt ont volé ;
Mais, comme un faible enfant par la frayeur troublé,
Tu retires soudain ta lèvre fugitive.
Ce n'est pas là donner le baiser du plaisir :
C'est laisser un regret et donner un désir.

QUATRIÈME BAISER

C'est le nectar des dieux qu'un baiser d'Eucharis ;
Le souffle parfumé de sa bouche vermeille,
Plus léger que l'odeur de la suave iris,

Est plus doux que les sucs dont la prudente abeille,
Ri\` ne de ses larcins, sur les fleurs du rosier,
Compose un rayon d'or, dans son palais d'osier.
Eucharis, si ta bouche, à mes feux indulgente,
Consent à m'enivrer de ces baisers divins,
Je renais immortel dans les bras d'une amante ;
Le roi de l'univers m'invite à ses festins :
En m'offrant cet honneur, il faudra qu'il t'appelle
A siéger dans sa cour au rang d'une immortelle ;
Oui, sans toi, je renonce à la coupe des dieux,
Dussent-ils, rejetant le maître impérieux,
Qui brille dans l'Olympe et gouverne la terre,
Me placer sur son trône et m'offrir son tonnerre.

CINQUIÈME BAISER

Souvent tes bras d'albâtre et souples comme un lierre,
Passés autour de moi, serrent ton bien-aimé ;
Suspendue à mon cou, je te sens tout entière
Presser mon front, mon sein, mon visage enflammé.
Ta bouche qui s'entrouvre et ressemble à la rose,
Sur la mienne, avec art, s'applique et se compose
    Pour mieux donner baiser d'amour.
    Tu m'attaques d'une morsure ;
    Je venge aussitôt mon injure,
    Ta douleur se plaint à son tour.
    Mais bientôt une langue active,
    Avec son dard voluptueux,
    Livre cent combats amoureux
    A ma langue faible et plaintive ;
    Plus doux que le bruit du zéphir,
    Plus frais encor que la rosée
    Le souffle humide du plaisir
    Coule dans ma bouche embrasée ;
Exalé de la tienne, il réjouit mon cœur.

Plus calme et renaissant je respirais, à peine ;
De tes lèvres soudain j'ai senti la chaleur,
Et mon avide amante aspirer mon haleine
Que desséchait, hélas ! dans mon sein enflammé,
Un feu séditieux par Vénus rallumé.
Eucharis, rends la vie à l'amant qui t'adore.
Mes vœux sont exaucés ; du feu qui me dévore
    Déjà tu calmes la fureur ;
    Comme un parfum qui s'évapore,
    Ton souffle humide et bienfaiteur
Rafraîchit tous mes sens et me ranime encore.
Source de mes transports, baisers délicieux !
Oui, l'Amour, je le jure, est le plus grand des dieux,
De l'Olympe et du monde il est le roi suprême ;
Mais la jeune beauté qui m'enchante et qui m'aime,
Dont un baiser me donne ou me ravit le jour,
Est au-dessus des dieux et commande à l'Amour.

SIXIÈME BAISER

De cent baisers d'amour je te fis la promesse,
De cent baisers divins tu flattas ma tendresse ;
Je te les ai donnés, tu me les as rendus,
Sans un baiser de moins, sans un baiser de plus.
O bouche trop avare ! ô timide maîtresse !
Quoi ! même à ton amant tu plains une caresse !
Si de rares épis couronnent les guérets,
Vois-tu l'agriculteur se louer de Cérès ?
Invoque-t-on Bacchus pour cent grappes vermeilles ?
Ou les dieux de nos champs pour un essaim d'abeilles ?
Dans un pré que l'Aurore humecta de ses pleurs,
A-t-on jamais compté les herbes et les fleurs ?
Le ciel ne compte pas les gouttes de rosée
Que sa bonté répand sur la plaine embrasée ;
Et quand les vents du nord ont obscurci les airs,

La fóndre dans les mains, le dieu de l'univers,
Versant à flots pressés la grêle meurtrière,
Ne sait pas tous les champs frappés par sa colère.
Dans les biens, dans les maux qui nous viennent des cieux,
A leur magnificence on reconnaît les dieux ;
Et toi, beauté d'amour, toi que l'Olympe appelle,
Rivale préférée à la tendre immortelle
Dont le char, voltigeant sous l'aile des plaisirs,
Sur les flots aplanis s'abandonne aux zéphirs,
Tu donnes des baisers avec tant d'avarice !
Cependant, Eucharis, ta cruelle injustice
Refuse de compter mes soupirs, mes douleurs,
Et tout ce que mes yeux ont répandus de pleurs !
Ah ! si tu veux compter les soupirs et les larmes
Que m'ont coûté cent fois mon amour et tes charmes,
Compte aussi du baiser les célestes saveurs.
Mais non, point de traités indignes de nos cœurs ;
Viens, donne-moi, sensible à des maux incurables,
D'innombrables baisers pour des pleurs innombrables.

SEPTIÈME BAISER

O ma belle et tendre maîtresse !
Oui, ton insatiable amant,
Dans les transports de son ivresse,
Veut caresser à tout moment
Ce cou poli, ce front charmant,
Ces beaux yeux, miroir de ton âme,
Ces lèvres de rose et de flamme :
Il veut des baisers plus nombreux
Que les flots de la mer profonde,
Que les étoiles et les feux
Semés sur la voûte du monde.
Mais en vain, pareil au ramier
Qui de son corps, qui de son aile,
Couvre son amante fidèle,

Je reste attaché tout entier
Sur chaque attrait que je caresse,
Un regret nuit à mon ivresse ;
Mes yeux aussi voudraient jouir ;
Ils me demandent le plaisir
De voir, de contempler tes charmes,
T'es yeux aux éloquentes larmes,
Ta bouche au brûlant coloris,
Et cet agréable souris,
Et ces regards pleins de tendresse,
Dont un seul bannit ma tristesse,
Mes longs soupirs, mes noirs chagrins ;
Comme, de ses regards sereins
Perçant les plus sombres nuages,
Phébus dissipe les orages,
Calme l'air, épure les cieux,
Et de son char, plus radieux,
Répand sur la nature entière
Les flots dorés de sa lumière.

En moi quels étranges combats !
Mes yeux sont jaloux de ma bouche.
Ils voudraient voir ce qu'elle touche,
Ou seuls posséder tant d'appas !

HUITIÈME BAISER

Réponds, femme injuste et charmante,
Pour quel outrage, ou quelle erreur,
As-tu blessé, dans ta fureur,
D'un ami la langue innocente ?
Ah ! quand percé de mille traits,
Mon cœur saigne encor des blessures,
Que font tes dangereux attraits,
Faut-il par tes vives morsures
Punir un organe charmant,

L'interprète du sentiment ?
Avec lui, dès l'aube naissante,
Avec lui, sous l'ombre croissante,
Durant l'espace entier des jours,
Dans ces longues nuits de l'absence,
Je chante, au milieu du silence,
Et tes beautés et nos amours.
Apprends, ô maîtresse imprudente !
Que par cette langue éloquente
Les vifs éclairs de tes beaux yeux,
Les flots mouvants de tes cheveux,
L'éclat de ta gorge naissante,
Elevés, portés jusqu'aux cieux,
Jusques au foyer du tonnerre,
D'une louange téméraire
Ont rendu l'Olympe envieux.
Dans mes transports, si je m'écrie :
O ma rose ! ô ma fleur chérie !
Soutien et charme de mes jours,
Mon Aphrodite, et mes amours ;
Plus tendre encor, si je t'appelle
Ma colombe, ma tourterelle ;
Si j'invente cent noms plus doux,
Malgré Vénus et son courroux,
Ne les dois-tu pas, ô ma belle !
A cet interprète fidèle ?
Peut-être, orgueilleuse Eucharis,
Prends-tu plaisir à cette offense ?
Tu braves de ce cœur surpris
Et la colère et la vengeance.
Juge de toute ta puissance :
Malgré tes outrages nombreux,
Quoique sanglante et déchirée,
Ma langue, à Vénus consacrée,
Ma langue, organe de nos feux,

Se plaît à bégayer encore
Le nom de celle que j'adore,
L'azur humide de ses yeux,
Les boucles d'or de ses cheveux.
Ses dents perfides et lascives,
Flèches d'amour, de volupté,
Et ces couleurs toujours si vives,
Orgueil et fard de sa beauté.

NEUVIÈME BAISER

Du baiser quelquefois modérons la chaleur,
Cachez-moi ce regard touchant et séducteur :
A mon cou, dans mes bras, ne venez pas sans cesse
Mourir dans les transports d'une amoureuse ivresse.
La nature a prescrit des bornes au plaisir,
Et jamais sans regret on n'a pu les franchir.
Plus le bonheur est vif, plus courte est la distance
Qui bientôt à l'ennui conduit notre imprudence.
Ainsi, de neuf baisers que demandent mes vœux,
Sévère par amour, n'en accorde que deux,
Mais froids comme un baiser de Diane à son frère,
Chastes comme un baiser d'une fille à son père,
Quand elle ignore encor Vénus et les plaisirs.
Alors, sourde à ma voix, rebelle à mes désirs,
Fuis comme la colombe ou la nymphe légère ;
Vole, cache tes pas dans un bois solitaire,
Cache-les dans un antre impénétrable au jour.
Vers l'antre, dans les bois, je m'élance à mon tour,
Et, vainqueur enflammé par l'espoir et l'attente,
De mes bras triomphants saisissant mon amante,
Je t'enlève éperdue, et semblable au ramier
Sous l'ongle recourbé du rapide épervier.
En vain dans ce moment, suppliante et vaincue,
De tes bras tout entiers à mon cou suspendue,

Par neuf baisers d'amour tu penses m'apaiser ;
Mais ton crime est trop grand ; il faut pour t'excuser,
Que je presse cent fois ta bouche fugitive :
Mes deux bras enlacés te retiendront captive
Jusqu'au dernier baiser promis par le traité.
Je veux t'entendre alors jurer par ta beauté
Que tu voudrais souvent, pour les mêmes offenses,
Mériter et subir de pareilles vengeances.

DIXIÈME BAISER

Chacun de tes baisers touche et ravit mon cœur :
Humides, je me plais à goûter leur douceur.
Les donnes-tu brûlants : une subite flamme
S'insinue avec eux jusqu'au fond de mon âme.
Qu'il est doux de baiser tes yeux pleins de langueurs,
Ces yeux de mes tourments trop aimables auteurs !
Qu'il est doux de presser d'une bouche idolâtre
Une épaule d'ivoire, une gorge d'albâtre ;
D'imprimer sur ton cou, de marquer sur ton sein,
Sur ce corps tout entier de neige et de satin,
Des fureurs du baiser les traces pâlissantes ;
D'unir, par ce baiser, nos deux âmes errantes,
Lorsque, brûlants d'un feu prompt à s'exhaler,
Dans le sein l'un de l'autre on voudrait s'envoler !
Ou donnés, ou reçus, prolongés ou rapides,
Eucharis, tes baisers charment mes sens avides.
Ah ! ne rends pas les miens comme ils te sont donnés ;
Varions du baiser les combats fortunés ;
Et si l'un de nous deux, aux traités infidèle,
Ne sait plus inventer de caresse nouvelle,
De nos mille baisers docile imitateur,
Ses lèvres les rendront aux lèvres du vainqueur,
Pleins des mêmes transports, pleins des mêmes délices
Que les baisers créés par nos doubles caprices.

ONZIÈME BAISER

Avec trop de chaleur je donne le baiser,
Dit en secret l'envie, ardente à m'accuser !
Ainsi quand je te presse, entre mes bras avides,
Mourant sous les baisers de tes lèvres humides,
Il faudrait m'occuper des propos d'un censeur !
O beauté de ma vie ! ô charme de mon cœur !
Dans ces moments d'oubli, de volupté suprême,
A peine sais-je, hélas ! si j'existe moi-même.
Eucharis m'applaudit, m'enchaîne dans ses bras,
Et grave, en me pressant sur ses divins appas,
Un long baiser d'amour sur ma bouche enivrée.
Jamais, dans ses transports, l'ardente Cythérée
N'en donna de pareil à ses amants chéris ;
Ma belle ajoute alors, avec un doux souris :
Du peuple des censeurs ne sois pas la victime,
Eucharis est ton juge et t'absout de ton crime.

DOUZIÈME BAISER

Jeunes beautés, et vous prudes austères,
Pourquoi me fuir et détourner les yeux ?
Il n'est ici nuls amours adultères,
Aucun tableau des incestes des dieux ;
Tous les plaisirs dont je fais la peinture
Sont des plaisirs permis par la nature.
Fils d'Apollon, prêtres des chastes sœurs,
Je rougirais d'avoir blessé les mœurs,
Et de prêter les accords de ma lyre
Aux vils excès d'un coupable délire.
Quel rigoriste oserait m'accuser ?
Je n'ai chanté que l'innocent baiser.
Mais voyez-vous cette feinte colère,
Leur souris faux, leurs regards effrontés ?

Des mots trop vifs, par la chaleur dictés,
Seront sortis de ma bouche légère,
Qui, sur-le-champ compris et commentés,
Auront blessé ces oreilles instruites.
Retirez-vous, trop indignes beautés ;
Fuyez, fuyez, matrones hypocrites,
Dont je voulais apaiser le courroux ;
Cent fois plus franche et plus chaste que vous,
Mon Eucharis partage ma tendresse,
Connaît l'amour et chérit le plaisir ;
Mais sa pudeur et sa délicatesse
N'entendent point le mot qui fait rougir.

TREIZIÈME BAISER

Femme perfide, et jadis trop aimée,
Pourquoi m'offrir cette lèvre enflammée ?
Je suis de glace, et mort pour le baiser.
Dans ton orgueil prétends-tu m'abuser,
Et, sur la foi d'une simple caresse,
Brûlant en vain de la soif des plaisirs,
Me voir sécher de langueur et d'ivresse ?
Tu fuis : attends, permets à mes désirs
Ces yeux brillants, cette lèvre amoureuse !
Reviens, reviens bouche voluptueuse,
Douce au toucher, vermeille en ta couleur,
Comme ces fruits humectés par l'aurore,
Dont la peau fine à nos yeux offre encore
Son velouté, son duvet et sa fleur.

QUATORZIÈME BAISER

Debout, l'arc à la main, et la flèche assurée,
L'Amour te menaçait, ta perte était jurée ;
Mais il voit sur ton front tes beaux cheveux épars,
Les éclairs de tes yeux, leurs éloquents regards,

Et ces globes rivaux dont la forme rappelle
De la coupe d'Hébé le céleste modèle :
Il est vaincu ; ses traits s'échappent de sa main.
Les bras ouverts, l'enfant se jette dans ton sein,
Te donne cent baisers, te fait mille tendresses ;
Et tes lèvres surtout appellent ses caresses ;
Sa bouche les entr'ouvre, une céleste odeur
Y passe avec son souffle, et coule dans ton cœur.
L'enfant, dans ses transports, a juré par sa mère
D'être à jamais pour toi sans flèche et sans colère.
De ses baisers ta bouche a gardé la fraîcheur.
Nul parfum n'est plus doux que ta suave haleine ;
Mais j'accuse du dieu la seconde faveur :
Tu ne sais plus répondre au penchant qui m'entraîne.

QUINZIÈME BAISER

Comme l'œillet trempé par les longues rosées,
Ranime ses couleurs aux rayons du soleil,
Des baisers de ma nuit tes lèvres arrosées
Offrent à mes désirs un contour plus vermeil ;
Il brille couronné des lis de ton visage :
Près d'un sein virginal, éclatant de blancheur,
La rose augmente ainsi d'éclat et de fraîcheur ;
Ainsi vivent plus vifs, parmi le vert feuillage,
Ces fruits ronds et pourprés, premiers et doux présents
De l'été qui commence et succède au printemps.
Hélas ! pourquoi faut-il m'exiler de ta couche,
Quand tes brûlants baisers, rallument mes désirs ?
Ma belle, garde les roses de ta bouche,
Jusqu'à l'heure paisible où je vole aux plaisirs.
Mais si ta bouche ingrate ose, dans mon absence,
Permettre un seul baiser, je veux pour châtiment,
Qu'elle se décolore, au moment de l'offense,
Et soit plus pâle encor que ton fidèle amant.

SEIZIÈME BAISER

Cypris un jour vit tes lèvres charmantes,
Dont l'amoureux et brillant coloris
Sur ton visage éclate près des lis,
Ainsi qu'on voit, sous des mains élégantes,
S'unir entre eux l'ivoire et le corail,
Et l'artiste enrichir le travail ;
Ses yeux jaloux répandirent des larmes ;
Elle assembla les folâtres Amours :
Mes fils, dit-elle, en soupirant toujours,
A quoi sert-il que, vaincu par mes charmes,
L'heureux berger, rival de Ménélas,
En vain pressé par Junon et Pallas,
Au mont Ida me nomme la plus belle,
Si vous souffrez qu'un poëte rebelle
De la beauté m'ose ravir le prix,
Pour le donner à sa jeune Eucharis ?
Volez, Amours, contre ce téméraire ;
Et de vos arcs, tendus par la colère,
Lancez-lui tous des traits aigus, perçants,
Des traits de feu qui brûlent tous ses sens.
Mais gardez-vous d'enflammer son amante ;
Qu'un de vos traits la rende indifférente.
Oui, que son sang, dans ses veines pressé,
Soit comme un fleuve immobile et glacé.
Fatal arrêt ! déesse trop cruelle !
De leur poison la bouillonnante ardeur
Brûle, dévore et fait fondre mon cœur ;
Mais entouré, d'une glace éternelle,
Plus dur cent fois que ces rochers brillants,
En vain battus par la vague fidèle,
En vain minés par le progrès des ans,
Ton cœur ingrat, insouciant, tranquille,
Insulte aux feux d'un amour inutile.

J'ai trop vanté le pouvoir de tes yeux,
Et les parfums de ta bouche de rose.
Connais Vénus et le courroux des dieux.
Dans les tourments que ta froideur me cause,
Laisse amollir ta superbe rigueur,
Ne démens plus ce front plein de douceur,
Viens réunir à ma bouche enflammée
Ton souffle pur, ta bouche parfumée ;
Viens respirer l'ardeur de ce poison
Qui me dévore, et, par l'amour vaincue,
Languir des feux de mon âme éperdue :
Cesse de craindre ou Vénus ou Junon ;
Jupiter même embrasse ta querelle :
Nouveau Pâris, il est pour la plus belle.

DIX-SEPTIÈME BAISER

Filles de l'air, cessez, diligentes abeilles,
De moissonner le miel sur les roses vermeilles ;
Quittez le doux nectar de la fleur du printemps,
Et les sucs de l'aneth qui parfume les champs ;
Volez vers Eucharis : sa bouche purpurine
Exale les parfums de la tendre églantine,
Les parfums de la fleur que la main des amants
Va chercher dans les bois à l'aube du printemps ;
Des larmes de Narcisse elle est humide encore ;
Le plus vif incarnat l'enflamme et la colore ;
Ainsi brillent la rose et ce peuple des fleurs,
Diverses de parfums, riches de cent couleurs,
Que la triste Vénus en pleurant fit éclore
Du sang pur d'Adonis mourant à son aurore.
Mais, de grâce, écoutez, peuple aimable et léger,
Un amant avec vous consent à partager :
Ne soyez point ingrat, ne soyez point avide ;
Laissez quelque nectar sur cette bouche humide :

Si vous alliez tarir et sécher sa fraîcheur,
Eucharis, aux baisers de ma brûlante ardeur,
Ne rendrait qu'un baiser sans parfums, sans délices,
Et tristement puni j'expirais mes services.
Surtout, loin que vos dards osent jamais blesser
Sa bouche délicate et propice au baiser,
Discret dans vos larcins, caressez-la de l'aile,
Comme le jeune lis ou la rose nouvelle.

DIX-HUITIÈME BAISER

Beauté plus douce encor que l'astre de Latone,
Plus brillante à mes yeux que la vive couronne
De l'étoile au front d'or qui ramène le jour,
Accorde cent baisers à mon brûlant amour.
   Au nom des dieux, au nom de Gnide,
   Je les demande aussi nombreux
   Que les baisers voluptueux
   Donnés ou rendus par Ovide,
   Toujours heureux, toujours avide.
   Je les demande aussi nombreux
   Que les Amours, les Ris, les Jeux,
   Folâtre essaim qui se repose
   Sur ton front, parmi tes cheveux,
   Ou sur tes deux lèvres de rose ;
   Aussi nombreux que mes désirs,
   Mes espérances, mes alarmes,
   Et nos transports et ces plaisirs,
   Toujours mêlés de quelques larmes,
Ajoute à tes baisers, sans cesse renaissants,
Et tes propos d'amour et les noms caressants,
   Et les soupirs et les murmures,
   Langage harmonieux des cœurs,
   Sans oublier vives morsures,
   Sourire et regards enchanteurs.

Imitons de Vénus les colombes charmantes :
    A peine au souffle du zéphyr,
    L'hiver commence à s'amollir,
Les becs entrelacés, les ailes frémissantes,
Murmurant de concert, on les voit tour à tour
Donner et recevoir le baiser de l'amour.
    Ivre de ce bonheur suprême,
    Les yeux noyés dans le plaisir,
    Soutiens la moitié de toi-même.
Oui, prompt comme l'éclair, je presse dans mes bras,
Contre mon sein brûlant, mon amante glacée,
Et de mes longs baisers l'agréable rosée
Rend la vie à son cœur, l'éclat à ses appas.
Enfin, sous les baisers succombe ma faiblesse ;
D'une mourante voix je murmure à mon tour :
Recueilli dans tes bras, ô ma jeune maîtresse !
    Laisse-moi renaître à l'amour.
    Dans ses bras Eucharis m'enchaîne ;
    Foyer d'une douce chaleur,
    Son sein réchauffe ma langueur ;
    Et les parfums de son haleine
    Font de nouveau battre mon cœur.
Cueillons, chère Eucharis, les fleurs de la jeunesse ;
Déjà je vois venir l'importune vieillesse,
Les soucis, les douleurs, compagnes de son sort,
Et dans l'ombre caché le monstre de la mort.

DIX-NEUVIÈME BAISER

Languissant et sans force, après nos doux combats,
Mollement étendu, je dormais dans tes bras,
Par les feux de l'amour mon haleine épuisée
Ne pouvait rafraîchir ma poitrine embrasée.
Déjà mes yeux errants voyaient les sombres bords,
Et la barque fatale, et le nocher des morts.

Quand du fond de ton cœur, sur cette bouche aride,
Descendit en rosée un baiser tendre, humide,
Baiser qui me retint au moment du départ,
Et renvoya sans moi la barque et le vieillard.
Il revient, le barbare, et m'entraîne au rivage.
Hélas ! j'allais franchir le funeste passage,
Un rayon de ton âme a passé dans mon corps ;
Il y vit, il soutient mes trop faibles ressorts.
Je le sens ce rayon de vie et de lumière,
Qui m'échappe et revole à sa source première :
Retiens-le dans mon sein, ranime ma chaleur,
Ou je vais défaillir et mourir de langueur.
Unis étroitement ta bouche avec la mienne ;
Que ton souffle amoureux tous les deux nous soutienne,
Jusqu'au moment suprême où, lassés de plaisir,
Et toujours dévorés des fureurs du désir,
Dans un dernier baiser, dans un baiser de flamme,
Nos deux cœurs réunis n'exhaleront qu'une âme.

LE CHARME DU BAISER. — Dans les faveurs
dont est prodigue l'amour, il n'en est aucune
qui égale celle du baiser. Nulle jouissance n'est
plus douce, nul bonheur n'est meilleur parce qu'il
est durable. Sa saveur est enivrante et enchanteresse : il émeut les sens par les plus suaves sensations. Il est à la fois l'aveu discret et le consentement tacite : il inonde le cœur de toute joie.

LE PREMIER BAISER. — Le charme du premier
baiser accordé est d'une suavité sans pareille, sans
doute parce qu'il ne dure qu'un instant et qu'il
expire presque aussitôt sur les lèvres mêmes où
il est éclos. Mais il est enivrant et enchanteur par

dessus tout : il allume le désir en le servant, il recèle toutes les promesses de l'amour, il est le sacrement de volupté et il est aussi la consécration.

Le premier baiser est aux sens ce que le premier amour est au cœur :

Ce premier sentiment de l'âme,
Laisse un long souvenir que rien ne peut user,
Et c'est dans la première flamme
Qu'est tout le nectar du baiser.

DE LA MEILLEURE PLACE. — Tout d'abord, honneur à la légende :

Sur le point le plus délicat,
Qui puisse intéresser les belles,
L'amour fit naître un grand débat
Entre trois jeunes pastourelles.

De tous les *baisers* qu'un amant
Peut obtenir de sa maîtresse,
Elles voulaient absolument
Connaître le *baiser* charmant
Qui plaît le plus à la tendresse.

Chacun a son goût là-dessus ;
Zéphir baise le sein de Flore,
Titon les beaux yeux de l'Aurore,
Et Mars les lèvres de Vénus.

Les trois bergères consentirent
A nommer trois jeunes bergers ;
Pour récompense elles promirent,
Comme de raison trois *baisers*.

A l'instant elles aperçurent
Hylas. et Colin, et Daphnis ;
A l'instant les nouveaux Pâris
Près de nos belles accoururent.

On les instruisit du procès,
Et l'on n'eût garde de leur taire
Le prix charmant de leurs arrêts ;
Plus d'un, pour le même salaire,
Fût rendu parfois au palais.

Moi, dit Daphnis, j'aime la rose ;
Rien n'est si doux que cette fleur,
Mais encor, pour plus d'une cause,
Le *baiser* sur bouche mi-close
Semble le plus doux à mon cœur.

Moi, j'aime un beau sein qui palpite,
Reprit le jeune Hylas soudain ;
J'aime, par un tendre larcin,
A le faire battre plus vite :
O volupté ! rien ne t'invite,
Comme un *baiser* pris sur le sein.

Et moi, dit l'amant de Glycère,
L'amoureux et tendre Colin,
C'est le *baiser*... pris sur la main
Qu'à tout autre mon cœur préfère ;
Car c'est le seul qu'à ma bergère
Je ne demande pas en vain.

Eh ! bien, ne lui en déplaise, Monsieur Colin,
n'était qu'un nigaud, et je suis sûr que Glycère
ne me démentirait pas.

Hylas n'était point un sot, certes ; car, comme il le dit fort judicieusement :

O volupté ! rien ne t'invite
Comme un baiser pris sur le sein.

Mais la majorité des amoureux décernera la pomme à Daphnis qui appréciait toute la jouissance voluptueuse de ce baiser brûlant des lèvres qui se conjoignent et qui suffit à plonger l'être tout entier dans « un doux bain de délices et d'aise ».

Amants, faites comme Daphnis, et l'objet de votre amour ne s'en plaindra jamais.

MÉDITATION VII

—

LES ALENTOURS DE L'AMOUR

Du désir. — Le désir est à l'amour ce qu'est l'appétit à la faim ; une inclination secrète et véhémente de l'âme vers une femme aimée pour la satisfaction des sens.

La plupart des psychologues ont considéré le désir comme un fait purement affectif, c'est-à-dire comme un acte ou une manière d'être de la sensibilité. Pour démontrer que le désir n'est point du ressort exclusif de la sensibilité, il suffit de remarquer que la sensibilité est, en général, la faculté d'éprouver du plaisir ou de la douleur, et que dans le désir il y a autre chose que du

plaisir et de la douleur. Cet élément, distinct de
la sensibilité, est un mouvement attractif qui dé-
note et caractérise la présence d'une faculté différente du sens affectif qui est la volonté. La
meilleure définition nous paraît être celle de Male-
branche qui l'analyse ainsi : « l'idée d'un bien
que l'on ne possède pas, mais que l'on espère
de posséder. »

Maintenant, étant donné que les désirs condui-
sent aux actions, la finalité du désir réside naturellement dans la satisfaction de la chose désirée, et
en amour, dit Georges Sand, « le désir veut
détruire les obstacles qui l'attirent et il meurt
sur les débris d'une vertu vaincue ».

LA PASSION. — La passion a beaucoup d'analogie avec le désir ; elle lui ressemble en ce qu'elle
est comme lui une aspiration de l'âme vers ce qui
est ou ce qu'elle croit son bien. Elle en diffère
en ce que dans la passion le mouvement de l'âme
est porté à un tel degré de vivacité et d'énergie
qu'il est beaucoup plus difficile à régler et surtout à comprimer , et que la réflexion a beau
le connaître, l'apprécier, en juger les résultats,
il nous entraîne le plus souvent, malgré tous les
avertissements de la raison, malgré la conscience
que nous avons de notre liberté, tant l'empire
qu'il a pris sur nous est puissant et tyrannique.
On pourrait dire que la passion est le désir passé à
l'état aigu et chronique. Il n'est personne qui

n'ait des désirs ; la passion n'existe pas dans tous
les sujets : elle n'est le propre que d'une sensibilité très-vive, d'une imagination exaltée, d'une
âme ardente et fortement trempée. Le désir peut
être tiède et languissant ; la passion est toujours
active et fougueuse ; elle n'admet pas l'allanguisse-
ment et la tiédeur. Le désir s'éveille en nous dès
l'adolescence. La passion ne peut s'élever dans le
cœur qu'à un âge où l'âme a acquis plus de développement et d'énergie. Le désir laisse la liberté
intacte, la passion nous en prive presque toujours.
Une âme vraiment passionnée a ordinairement de
la constance, parce qu'elle est constamment entraî-
née par une force puissante dans une même direction ; une âme faible sera plus inconstante, parce
qu'elle n'aura que des désirs.

LA CONVERSATION. — Multiples sont les causes
qui font naître les désirs d'amour. Au nombre
d'icelles, figure la *conversation*, qui est une des
premières manières d'entrer en connaissance et
d'apprécier son... partenaire.

Une historiette en passant :

Un savant anglais a calculé qu'un homme,
terme moyen, fait trois heures de conversation par
jour, au taux de cent mots par minute, ou vingt-
neuf pages in-8° par heure ; ce qui fait que chaque
individu parle la valeur de six cents pages environ par semaine, soit cinquante-deux forts volumes
par an. O révélation de la statistique !

Un loustic irrévencieux s'avisa un jour de lui demander si son calcul s'appliquait également aux femmes.

— *Yes* ! répondit froidement le statisticien britannique, en multipliant par dix.

Ce n'est bien entendu pas de cette conversation-là dont il s'agit, de cet échange banal de paroles que l'on fait avec tout le monde et à propos de tout. Nous voulons parler, nous, de la conversation aimable, galante, intime, où règne un certain épanchement et qui ne figure pas, justement, dans la comptabilité syllabique de l'anglais en question. Le charme qu'on éprouve dans ces entretiens dont nous parlons, où l'esprit et le sentiment, l'expansion tendre et la discrétion séductrice se livrent à la fois à un tournoi amoureux, est inexprimable. De la conversation naît le désir, et le désir issu de ce charme est plus persévérant et tenace qu'aucun autre.

LA LECTURE. — Les désirs qui naissent de la lecture ne s'adressent pas directement à la matière, à un objet animé ; elle fait naître premièrement des aspirations que l'imagination idéalise d'abord et cherche ensuite à fixer, à personnifier. C'est en cela que nous considérons la lecture, ou du moins certaine lecture de certains ouvrages romanesques, comme propre à faire naître dans le cœur le sentiment de l'amour et à créer le désir de ne pas y laisser ce sentiment à l'état stérile. Le premier

amour d'une jeune fille n'est souvent que la copie
d'un intrigue de roman.

La lecture est à l'esprit, au cœur ce que les
épices sont aux sens. La lecture pourrait être appelée figurément « la truffe de l'imagination », puisque certains ouvrages produisent des effets aphro-
disiaques comme certains aliments dont nous avons
parlé dans une de nos méditations précédentes.

LA DANSE. — Un écrivain, qui sans doute n'y
entendait pas malice, a appelé la danse : « le plus
vif des divertissements honnêtes.» Je ne voudrais
certainement pas contredire un auteur aussi modeste
dans ses appréciations, mais je dois protester contre
le qualificatif « honnête » qui nous paraît peut-
être aventuré de nos jours.

Je sais bien que les mères en général n'y voient
pas de mal, puisque tous les jours elles condui-
sent leurs filles au bal ; mais là, en toute sincérité, comment peut-on se trouver deux à deux,
dansant une valse entraînante, pressant sa dan-
seuse ou étant pressé par son danseur dans une
douce étreinte, parfois voluptueuse, sentant les
palpitations d'une poitrine contre l'autre, les deux
souffles se confondant dans un seul.... et peut-
être les deux cœurs en un ! presque bouche à
bouche, sur le bord d'un baiser !.... comment
dans une telle volupté. indicible et ineffable, résister au désir d'amour !....

Nous ne pouvons y croire, raisonnablement, et

notre façon de penser est que le « le plus vif des divertissements honnêtes » est admirablement fait pour mettre en émoi tous les sens et exciter aux aspirations amoureuses. De la coupe aux lèvres il n'y a pas loin. Si nous avions à recommander la danse, nous le ferions donc comme un plaisir aux vertus enchanteresses.

LES JEUX INNOCENTS. — Ce genre de divertissement tient beaucoup du précédent. D'abord, il a comme lui un qualificatif peu ou point justifié et le résultat est également le même, peut-être à un degré moins vif, mais qui n'en suscite pas moins pour cela une charmante occasion d'exciter les désirs.

Les jeux innocents par eux-mêmes ont de l'attrait, mais leur raison d'être et leur plus grand charme sont surtout les pénitences qui en résultent, et qui sont plus ou moins piquantes par les conditions secrètes qu'elles imposent et quelquefois par la mystification qu'elles font subir ; telles sont entre autres : *le baiser à la capucine, le voyage à Cythère* ou *le baiser de lièvre,* par exemple. Nous ne pouvons résister au désir d'en donner les définitions à nos lecteurs et à nos lectrices qui ne seront peut-être pas fâchés, à l'occasion, d'en apprécier l'application.

Extrait de l'ouvrage de Mme T.....

« *Baiser à la capucine* : On fait placer à genoux, dos à dos, un cavalier et une dame. Alors

il faut que tous deux tournent en même temps
la tête, l'un à droite, l'autre à gauche et cherchent à rapprocher leurs bouches pour prendre le baiser ordonné. Il n'est pas défendu au
cavalier de passer un bras galant autour de la
taille de sa compagne, pour lui diminuer d'autant la fatigue et la soutenir si elle perdait
l'équilibre. »

« *Le voyage à Cythère* : La personne à
laquelle cette pénitence est ordonnée en emmène
une autre, d'un sexe différent, derrière un para-
vent ou une porte. Là, le cavalier embrasse sa
dame et touche une partie de son ajustement à
son choix. — Au retour du voyage, ils se présentent successivement devant toutes les personnes
de la société, et le cavalier demande à chacune
d'elles quelle partie de l'ajustement il a touché.
Tant que l'on se trompe, il baise la place qu'on
lui indique. Si enfin quelqu'un devine, le devin
embrasse la dame ou se laisse embrasser par
le cavalier, selon le sexe auquel il appartient.
Si, au contraire, personne ne devine, le cavalier
nomme tout haut ce qu'il a touché, et embrasse
encore une fois sa dame avant de la reconduire
à sa place. »

« *Le baiser de lièvre* : La longueur d'une
aiguillée de fil sépare le couple qui doit s'embrasser ainsi ; mais, peu à peu mâchée des deux bouts,
elle se renferme dans leur bouche et finit par se

raccourcir tellement que les lèvres se rapprochent, se touchent et le baiser est donné. »

O innocence des jeux innocents !....

LES RÊVES. — Les songes lascifs jouent un rôle important dans le chapître des désirs. Telles sont les lois qui unissent l'âme au corps, que lors même que les sens sont enchaînés par le sommeil, ils demeurent sous l'influence des idées qui leur ont été transmises pendant le jour. Qui ne voit point chaque nuit l'objet de ses amours et de sa passion en rêve et ne transforme pas sa fiction en une apparence de réalité ? Et, alors, à quels désordres ne se livre point la folle imagination ? car, telle est encore une autre loi de cette union de l'âme et du corps, que, sans troubler cet enchaînement des autres sens, ou, pour ôter toute équi-voque, sans leur rendre la sensibilité aux impressions externes, l'âme peut dans le sommeil faire naître les mouvements nécessaires à l'exécution des volontés que les idées dont elle s'occupe lui suggèrent. Sous le charme de ses aspirations amou-reuses, devançant le désir jusqu'à la possibilité de la réalité, occupée enfin d'idées relatives aux plaisirs de l'amour et sous le charme d'impressions lascives, les objets qu'elle se peint produisent des effets réels.

LE RENDEZ-VOUS. — « La première fois on y oublie son ombrelle, la seconde on oublie ses devoirs ». C'est à Théodore Barrière, je crois, que

nous devons cette définition réaliste du rendez-
vous ; elle est brutale, mais elle est vraie. Le
rendez-vous est à la fois le berceau et le tombeau
du désir. Rares sont ceux et surtout celles qui ne
succombent pas aux suaves séductions de ce délicieux guet-apens qu'on appelle un rendez-vous !....
un nid à péchés mignons.

Vous souvient-il encore, chères lectrices, de votre
premier rendez-vous, avec votre cousin ou avec
le frère de votre amie, jeune étudiant en vacances,
dans le bosquet mystérieux du jardin ; vous aviez
eu bien du mal à vous résoudre à accepter ce
tête-à-tête ; « s'il veut m'embrasser, vous disiez-
vous en vous-même, je le repousserai et je me
sauverai. » Il vous embrassa la main, Mademoiselle ; la main.... ça ne tirait pas à conséquence.
Il s'enhardit et votre joue effleura ses lèvres, il
prit un baiser, un vrai baiser, mais il fut si tendrement déposé et si vivement volé qu'il n'était déjà
plus temps de récriminer. Le plaisir vous séduisit,
l'extase vous charma, le temps vous surprit. L'heure
avançait, on se sépara et le témoignage du bonheur
qu'on avait éprouvé et la confiance qu'on avait
échangée, tout cela fut scellé par le plus voluptueux et le plus suave de tous les baisers : sur
les lèvres.... sans compter bien d'autres indis-
crétions !....

Hélas ! le rendez-vous est la dernière étape du
désir.

LE LANGAGE DES FLEURS. — L'amour a son dialecte particulier, et c'est naturellement aux fleurs qu'il devait emprunter son doux et tendre langage.

Dans le langage de l'amour chacune d'elles a une signification et les amants peuvent correspondre dans cette langue qui, pour être muette, n'en est pas moins significative ni moins éloquente.

Voici la traduction symbolique de quelques-unes des fleurs les plus usitées, que nous croyons devoir reproduire pour ceux de nos lecteurs ou de nos lectrices qui auraient occasion d'en user :

Acacia........ Amour platonique.
Anémone...... Abandon.
Aubépine...... Espérance, prudence.
Bleuet........ Légéreté.
Belle-de-nuit... Alarme d'un cœur sensible.
Bruyère....... Solitude.
Capucine...... Feu d'amour.
Chèvrefeuille... Liens d'amour.
Ciguë......... Trahison.
Dahlia........ Reconnaissance.
Eglantier...... Poësie.
Feuilles mortes. Mélancolie.
Feuilles vertes.. Espérance.
Fraxinelle..... Je me consume d'amour.
Fusain........ Vos charmes sont dans mon cœur.
Glycine........ Votre amitié m'est douce.
Gui.......... Je surmonte tous les obstacles.

Héliotrope....... Je vous aime.

Immortelle....... À jamais, toujours.

Jasmin jaune.... Bonheur.

Jonc fleuri...... Vous m'attirez.

Lavande .... Vertu.

Lierre.......... Amitié éternelle.

Lilas.......... Première émotion d'amour.

Lis .... Pureté.

Marguerite...... Je partage vos sentiments.

Nénuphar....... Froideur.

Œillet......... Caprice.

Œillet blanc ... Amour fidèle.

Pavot......... Sommeil.

Pervée........ Souvenir.

Pervenche...... Doux souvenir.

Quinquina ...... Santé.

Réséda. .... Vos qualités surpassent vos charmes.

Rhododendron.. Premier aveu d'amour.

Rose mousseuse. Amour, volupté.

Rose rouge..... Feu du cœur.

Scabieuse. .... Veuvage.

Saule pleureur.. Regret.

Sensitive...... Pudeur.

Sésame........ Ouvrez-moi votre cœur.

Sorbier........ Attendez.

Souci .... Chagrin.

Tilleul........ Amour conjugal.

Vigne......... Ivresse.

Verveine. ..... Inspiration.

Violette ...... Modestie.

Volubilis ...... Ma première pensée est à vous.

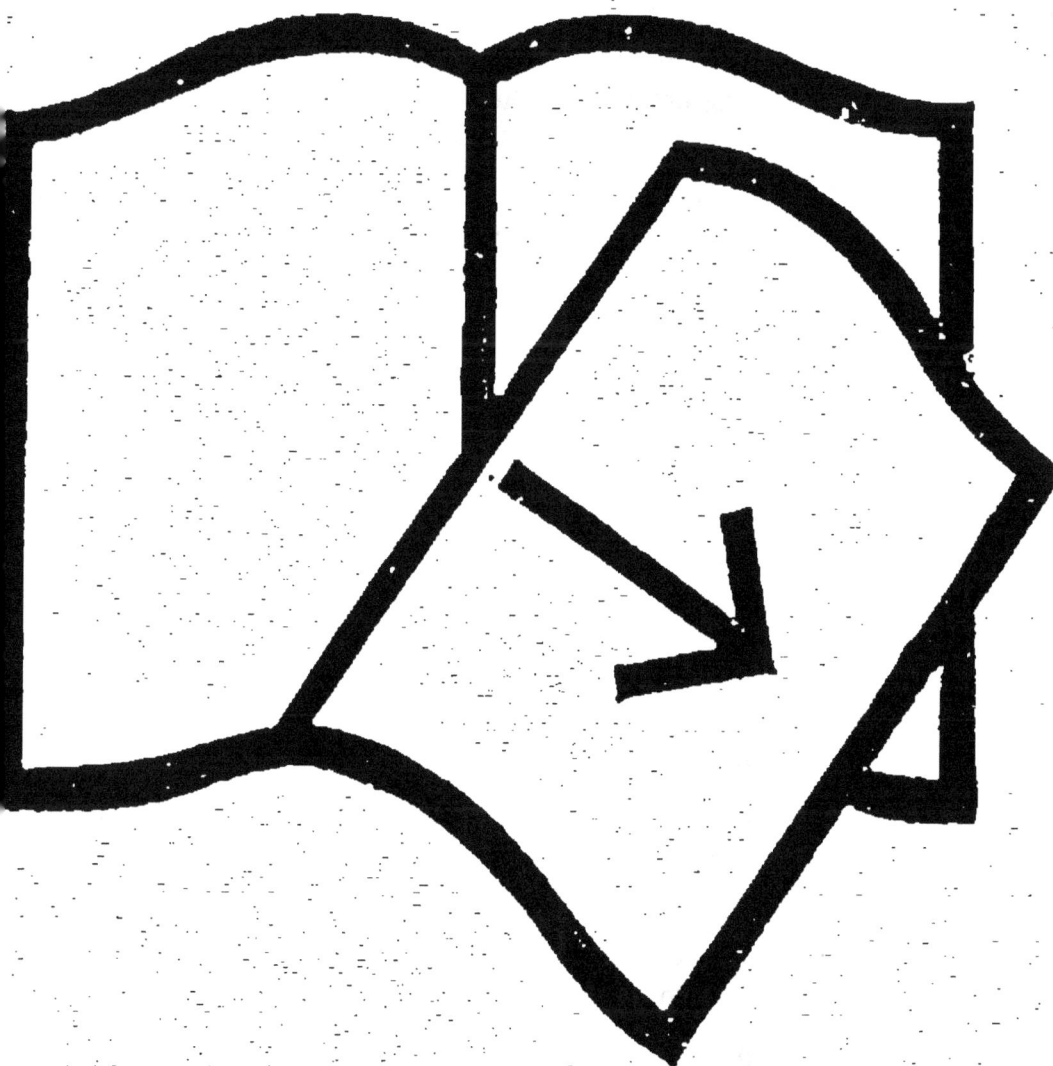

Documents manquants (pages, cahiers...)

NF Z 43-120-13

A l'éloquence de la fleur solitaire, il faut joindre aussi celle des bouquets dont le langage est plus explicite :

Jonquille.......
Tulipe......... } Votre beauté me fait désirer d'être votre époux,
Géranium rouge.

Lis ....
Lilas......... } Je n'ai jamais aimé que vous.
Primevère .....

Rose..... .....
Bleuet .... } Votre amour n'a pas de durée.
Œillet jaune ...

Myosotis.......
Coquelicot..... } Aimez-moi comme je vous aime.
Héliotrope.....

Chèvrefeuille...
Œillet rouge... } Je vous aime trop pour être infidèle.
Rose jaune. ...

Camelia.......
Pensée........ } Votre souvenir me sera toujours cieux.
Violette ......

Rhododendron....
Pervenche..... } Souvenez-vous de moi qui vous aime et n'ose vous le dire.
Lilas blanc.....

Tendre et doux langage, comme on le voit, qui permet aux amoureux de s'entendre et de

Et puis, là-bas, voyez sur la bruyère,
Ce ver-luisant, lumineux diamant,
Et tout au fond du pauvre cimetière,
Ces feux-follets qui dansent en tremblant.

Pour moi, qui crois à la métempsycose,
Ces feux-follets sont des cœurs de cent ans,
Qui, regrettant de ne plus être en cause,
Disent, hélas ! que l'amour n'a qu'un temps.

Qui n'a chanté dans son jeune temps cette mélodie populaire des *Cœurs*, dont chaque strophe marque les étapes de la virilité amoureuse.

L'épilogue de l'amour est rationnellement dans l'âge : le cœur est le thermomètre de l'amour.

Le thermomètre commence généralement à baisser quand arrive l'âge de déclin, c'est-à-dire la cinquantaine.

« Chez les femmes, — dit le docteur Réveillé-Parise, un des plus charmants écrivains dont s'honore la médecine contemporaine, — l'amour se modifie certainement par l'âge, quoique bien moins que chez les hommes. Voilà pourquoi beaucoup aimer explique toute la femme. Elle aime, comme elle vit, comme elle respire ; il semble que chez elle la nature donne un besoin, l'amour. Or elle reste fidèle à cet instinct puissant. En général, on peut diviser la vie des femmes en trois époques. Dans la première, elles rèvent l'amour ; dans la seconde, elles le font ; dans la troisième, elles le

regrettent. L'amour tient tant de place dans la vie
d'une femme tendre, il absorbe tellement son temps
et ses facultés, le charme idéal dont il l'environne
est si puissant que, lorsqu'elle arrive à l'âge où il
faut y renoncer, elle croit se réveiller après un
long rêve, et apercevoir, pour la première fois,
les peines et les misères de la vie. Toutefois, cet
amour ne fait que changer de forme et de manifes-
tation. Si, à un certain âge, on le sait, quelques
femmes portent dans le commerce de l'amitié une
grâce, une délicatesse inconnues aux hommes, il
ne faut pas s'en étonner, c'est un reste de l'amour.
Telle est l'origine de ces liaisons pleines de charmes, qu'épure déjà la maturité de l'âge, et que colo-
rent, pourtant, les derniers reflets de la jeunesse.
Cette faculté d'aimer, tout en se conservant, change
donc de forme et surtout d'objet avec le temps ».

Quant aux hommes, que l'âge devrait condamner
à l'abstention amoureuse, nous empruntons encore
à ce sagace observateur une page écrite sur ce
sujet :

« L'homme encore dans sa verte vieillesse,
répugne longtemps à se croire tel qu'il est. Ses
souvenirs, presque synonimes de regrets, sont toujours là, dans sa mémoire et dans son cœur, pour
le tourmenter ; car il jette sans cesse son regard
en arrière, pour contempler à l'horizon cette terre
promise de l'amour et de ses plaisirs, où il serait
si doux de vivre, s'il était possible d'y rester.

« Difficilement il s'accoutume à l'idée que la
haute prérogative de procréation lui est à peu
près retirée et il ne veut s'avouer à lui-même,
que le plus tard possible, cet état de décadence
dont l'a frappé la nature. Cette nouvelle manière
d'être paraît comme injurieuse, comme flétrissante,
car il est bien peu d'individus capables d'accepter
la vieillesse sans faiblesse d'esprit, sans trouble
de la raison. Le temps blanchit leur tête, sans
désenchanter leur esprit. D'ailleurs un homme
bien constitué, que l'âge n'a pas encore accablé,
éprouve des réminiscences perfides et tentatri-
ces ; tout semble jeune en lui, excepté la date
de sa naissance. Ses années sont dépensées mais
non sa force. Il s'avoue bien que l'aiguillon du
besoin n'est pas aussi pressant qu'autrefois, qu'il
ne se sent plus cet *excès de vie*, ce feu, cette
ardeur, qui jadis embrasaient son sang et son
cœur ; mais il ne se croit nullement un athlète
tellement désarmé qu'il doive renoncer tout-à-fait
à la lutte et au triomphe, et, comme dit Fénelon,
le jeune homme n'a pas encore été tué en lui ».

Au printemps de la vie, éclosent les amours ;
L'hiver, le triste hiver, les chasse pour toujours.

FIN

TABLE DES MATIÈRES

TABLE DES MATIÈRES

—

MÉDITATION IV

MÉDITATION V

MÉDITATION VI

MÉDITATION VII

MÉDITATION VIII